大展好書 好書大展

大展好書
好書大展

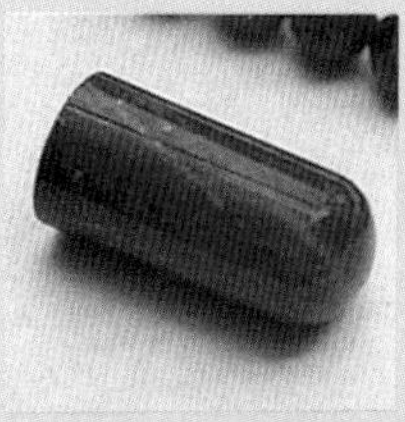

天青石

保證擁有充滿希望的人生

凡事都能心想事成。其神奇力量可使持有者獲得幸運、保護自身免於遭遇麻煩。

土耳其石

增加好朋友

能增加與人相遇的機會、加深彼此的關係。對於在新環境下建立人際關係，能發揮良好效果。

情豐富的石頭

瑪瑙

召喚大好機會

可使與人相處融洽。來自周遭衆人的建言和援助，可使持有者獲致成功。

藍瑪瑙

充分發展能力

可使情緒穩定、提高對學業或工作的集中力。對情緒不穩定的人，尤其具有卓越的效果。

珍珠

辛苦變成好機會

努力或為他人犧牲奉獻的人，可藉此獲致圓滿的結果。女性佩戴珍珠時，可使男性運變好。

橄欖石

引導事業或生意成功

使人具備智慧與鑑別能力，加速精神的成長。希望生意成功的人，最適合佩戴這種石頭。

茶水晶

使人變得積極
消除對前途感到不安或抱持否定態度的情緒，轉換為積極的思想。

鑽石

提升力量達成願望
一旦擁有鑽石，不論是財力或地位，凡是想要的東西都能得到。

金星石

帶來心靈的和平
能鎮定焦躁的情緒、恢復平常心。此外，還具有提高勝負運的效果。

縞瑪瑙

產生豐富的獨創性
引發潛能、提升集中力、使靈感活潑化。

召喚幸運、使感

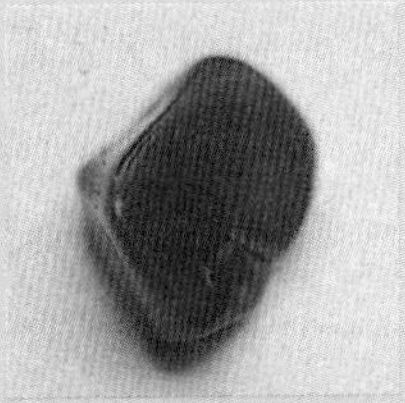

紅瑪瑙

湧現幹勁
當感到迷惘時，可引導你走向正確方向。有助於升學或就業。

石榴石

給與感情滋潤與穩定
可淨化身心；營造放鬆的氣氛。此外，在憂鬱時能帶來元氣。

赤鐵石

促進精神的穩定
能消除壓力、提高身心能量，對冷靜解決紛爭極有助益。

海藍寶石

保持人生平穩
當捲入麻煩當中時，可去除不安、帶來希望。對於不擅言詞的人，則可給予自我表現的力量。

水晶

保護自身免除一切麻煩
驅除不良能源，召喚幸運。與其它彩石一起佩戴時，能提升各彩石的力量。

消災解厄的幸運石

黃水晶

從憂鬱中獲得解脫
當災難來襲、情緒低落時，可以趕走憂鬱，帶來希望和光明。容易自暴自棄的人。可藉此找回自尊心。

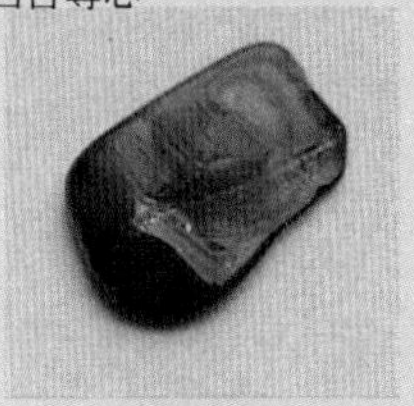

孔雀石

防止人際關係方面的麻煩
防止與他人溝通上的斷絕。對於對人際關係心懷不安或恐懼的人非常有效。

虎眼石

趕走嫉妒
保護自身免於他人的惡意中傷或嫉妒。此外。還能提高生意運，帶來經濟上的豐饒。

碧玉

治療喪失自信的心靈
除了保護身體免於災難以外，還能使人在遇到麻煩時，從憂鬱的情緒中重新站起來。

超現實心靈講座 8

力量石的秘密

秋月菜央／著
吳秋嬌／譯

大展出版社有限公司
DAH-JAAN PUBLISHING CO., LTD.

前言

現在，大家開始注意到紅色、青色、黃色、綠色等美麗的彩石了。不是祖母綠或紅寶石等，都是自古以來即為人們所熟知的寶石，但是像印加玫瑰鑽、藍瑪瑙等，則直到最近才逐漸廣為人知。很多人喜歡以佩戴或放在口袋裏等方式隨身攜帶這類寶石，因為他們相信帶著它們可以招來幸運。

自遙遠的古代開始，彩石就被視為具有神奇力量的石頭而受到重視。以埃及艷后為例，就經常把祖母綠、天青石、珍珠等當成護身符佩戴在身上，而尼洛皇帝更是祖母綠的愛好者。此外，彩石也是聖職人員的象徵，不論是神官或主教，都會隨身佩戴。

色彩鮮艷的石頭，蘊藏著驅魔的力量。能夠趕走他人的嫉妒或邪氣等不好的能量，保護自身免於麻煩。同時還能收集好的能量，使持有者獲得幸福。這股力量在歷經數千年之後，仍然在世界各地廣為流傳，而且為人們所深信不疑。

生活於現代的我們，也開始活用這些具有神秘力量的彩石了。

即將邁入二十一世紀的現代人，普遍過著物質豐裕、不虞匱乏的幸福日子。只要是想要的東西，幾乎都可以買到。但是在此同時，人們也開始注意到，真正重要的東西，是用金錢買不到的。像幸運，就無法用錢買到。即使地位再高的人、使用再多的錢，也無法像買東西一樣買到幸福。然而對人類而言，幸福卻是最重要的。濃厚的愛、與朋友之間的信賴關係、充實的工作……唯有獲得肉眼看不出的東西，才能感受到幸福的存在。

幸運不會平白落在你的面前。如果你不主動召喚，它絕對不會不請自來。而彩石就具有召喚幸運的力量。隨身攜帶彩石時，一些意想不到的好事會陸續到來，使你心想事成，而這些都是用錢買不到的。

所以，現在正是善加利用彩石的時候。這是地球送給人類、幫助人類掌握幸運的最佳禮物。在此希望各位都能承受這種力量，掌握莫大的幸運。

秋月菜央

目錄

第二章　彩石中蘊藏的神秘靈力

第三章　使願望實現的彩石

第四章　由對顏色的喜好預知你的未來

第五章　強化生物體能量的彩石

第七章　彩石的最佳選擇法

第一章

彩石能召喚幸運

彩石的神奇力量

自古以來，世界各地的人們都在傳說石頭中蘊含著神奇的力量。這種能夠保護自身免於麻煩，使人心想事成、召來幸運的石頭，稱為力量石，受到衆人的重視。

在我們周圍有很多石頭。像岩石為大的石頭，砂或土則是碎成小塊的石頭。從另一個角度來看，石頭就是礦物。人類所生存的大地，是由礦物所形成的。因之，礦物堪稱為地球的母體。

地球上含有無數的礦物。其中光是根據石頭的個性而賦予名稱的，就超過二千種。只要走出戶外，就可看到黑色石、茶色石、灰色石等各種石頭。在這麼多的石頭當中，當然也有色彩鮮艷、美麗的石頭。像紅色、青色、綠色、黃色等石頭，即一般所謂的彩石。

普通石頭是自然的大地顏色，不具有美麗的色彩。不過在這當中，仍然出現少數具有華麗色彩的石頭。人們將其視為寶石，對其異常珍視。

那麼，為什麼有些石頭會形成美麗的顏色呢？能綻放出色彩或光輝的特別結晶，又是如何形成的呢？這些我們都不得而知。

儘管如此，彩石具有神奇的力量，卻是自數千年前就為人所深信的事實。當然，一般石頭也具有力量，但少數具有美麗色彩的石頭，所含的力量更強。與其它石頭相比，後者所含的能源極高。

有關彩石與一般石頭不同的說法，在現代人看來可能是一種迷信。具備科學精神的人，可能會抱持否定的態度，認為彩石只不過是顏色或結晶不同而已。但事實是，在現代，彩石已開始使用於科學範圍。

以現代人所用的鐘錶為例，絕大部分都是在時鐘的心臟部分安裝石英水晶的石英鐘。水晶的穩定振動，有助於提高時鐘的精確度。換言之，使用水晶，可使時鐘的準確性提升百倍。

水晶可說是各精密機器不可或缺的物質。例如電腦，也使用水晶來提升精密度。至於其它微妙、細緻的機械，多半也使用水晶。

最近，有人將祖母綠應用於牙齒的治療上。據說在安裝假牙時，於齒根部分插入祖母綠的作法，安定度比目前使用的化學物質更高，對身體也較好。

彩石的力量，還有很多未知的部分。但筆者相信，以後我們將會逐漸了解這些部分。數千年來受到人類重視的彩石力量，今後應該會廣為活用才對。事實上，現在已經有很多人加以活用了，能夠比別人更早開始使用彩石，或許也是一種幸運吧？

擁有天青石後幸運接踵而至

天青石是最強的力量石，早在距今五千年前，創立高度文明的巴比倫帝國、埃及等地，就對其極為重視。舉凡王族、神官、法官、貴族等，都把它當成護身符隨身佩戴，用來除惡、召喚幸運。

由古埃及所留下的遺跡當中，可以發現大量的天青石。埃及人相信，將雕刻成甲蟲形狀的天青石當成護身符供在墓中，能夠增強生命力並引導再生。當然，活人也會將天青石當作護符石佩戴在身上。

在當時，人們佩戴在身上的彩石，並不僅僅是天青石而已。其它如祖母綠、黃玉、碧玉、藍寶石等，也經常使用。只是在這當中，天青石格外受人重視。因為，大家都認為它具有強大的力量。

即使到了現代，人們依然將天青石當作力量石予以活用。擁有天青石後好運降臨的例子屢見不鮮。

雖然我不知道這是否百分之百由天青石所造成的，但是我相信，如果沒有效果，應該沒有人會去買。換言之，擁有天青石的人，一定知道它的好處在那裏。

天青石具有召喚幸運的力量。其它石頭會因種類不同而致幸運內容有別，但天青石卻對任何事物都非常有效。不管是想要多認識朋友或使戀情順遂，在考試或工作上獲得成功，只要是擁有天青石的人，都能心想事成。

甚至連並非出自本願的幸運也會到來，這種例子很多，據某位女士表示，自從佩戴天青石以後，不僅戀情開花結果，甚至連參加求職考試時，考題全都是她最拿手的部分，因而得以進入原本不抱任何希望、被她列為第一志願的公司上班。

此外，天青石也具有除魔的強大力量。能夠趕走不幸、保護自身免於他人的敵意、惡意，使疾病痊癒。有趣的是，據說在這個時候天青石的顏色會改變。

具體地說，持有人在迴避不幸時，天青石的顏色會變暗。原本為深藍色的天青石，會變成灰色或泛白。

我自己也擁有幾顆天青石，但遺憾的是，截至目前為止還未曾見它的顏色改變過。如果傳說屬實，那麼我倒很想看一看。

天青石能夠提高擁有者的能量，使其具有活動性及積極的人生觀，而除了召喚幸運以外，天青石還能給予促使幸運發展的力量，因此能夠招來其它幸運。

水晶能使工作順利、成功

無色、透明的水晶，是彩石的基本石，能夠增強一切顏色、一切石頭的力量。當和其它彩石一併擁有時，能夠提升彩石的力量。

水晶本身原就具有很強的力量。和天青石同樣，自古以來就是廣受世人喜愛的力量石，被視爲驅魔、招來幸運的守護石。

某位男士自從擁有水晶以後，工作上的幸運接踵而至。在被晉升為課長後，他特地請人用水晶刻了一枚印鑑，沒想到開始使用後，竟蒙幸運之神眷顧三次，順利簽訂了原本以為不會談成的契約。

一開始時，這位男士並未想到水晶與幸運有何關連。事實上，他根本不知道石頭的力量，只是不經意地選上水晶罷了。在幸運接踵而來的某一天，他從一名女性部屬口中聽到了有關水晶力量的事，於是立刻拿出印鑑請教對方。

這位男士的幸運，是超乎偶然的。而當幸運接連降臨時，他的態度也由原先的不信轉為半信半疑。現在，這位男士非常寶貝他的水晶印鑑，有一天他還笑著對我說，如果可能的話，他還真想買顆水晶球哩！

目前市面上有很多小型水晶結晶，其中以前端呈尖形的最為自然。稱為水晶點的結晶尖端部分，力量特別強。最適合當成護身符隨身携帶。

另外，水晶也具有淨化作用。放在屋內，能夠淨化來自戶外的不純能源，使屋內保持乾淨，有很多人喜歡在屋內四角放置水晶，因他們相信這樣就會使幸運來到屋中。

擁有愛情的玫瑰石英

淡粉紅色、半透明的水晶，稱為玫瑰石英，是非常美麗、受人歡迎的石頭。

玫瑰石英別名「愛之石」，提高愛情、聯結情愛的力量非常強。尤其是對男性而言，更是遇見理想女性，解除單相思之苦的幸運石。

戀情終於開花結果的木谷俊夫先生（假名），如此描繪玫瑰石英的神奇力量。

「我暗戀一名女子一年多了。老實說，打從一開始我就不抱任何希望。她非常活潑、非常受歡迎，因此同時有好幾個條件比我好的男士對她展開攻勢。而我，身材既不高大、五官又不特別俊美，根本不可能獲得她的青睞。果然，當我鼓起勇氣向她提出約會的請求時，當場就被一口回絕了。

在某個偶然的機會裏，我經過百貨公司一個販賣自然石的專櫃，瞥見一顆非常漂亮的玫瑰石英，想到曾經在某本書中讀過有關玫瑰石英效果的介紹，於是我將它買了下來。坦白說，一開始我是抱著好玩的心情買下它的，但是回家後凝視著它，我突然由衷地相信它能為我帶來幸運。

後來，我把玫瑰石英放在寫有那位小姐名字的紙上，想像著兩人成為情侶約會的情景。雖然不是每天，但每週約會進行好幾次。結果，我的幻想漸漸變得具體、鮮明起來了。大約經過一個月吧？不知怎麼地，和她交談的機會增多了，於是我決定鼓起勇氣，再度向她提出約會的請求。

這一天，我將玫瑰石英放在口袋裏前去找她，並事先作好了會遭到拒絕的心理準備，出乎我意料之外的是，她竟然答應了。啊！我真是太高與了。經過多次約會以後，如今我們的感情已經非常穩定。或許這一切純粹出自偶然，但是我卻無法否定玫瑰石英的神奇效果。因為這個緣故，現在我對它可是非常重視喔！」

藉由玫瑰石英而使戀愛開花結果的例子非常多。據某些男士表示，在他們把玫瑰石英送給心上人以後，不久兩人的愛情便有了結果。不過，最好的方法還是使用玫瑰石英進行瞑想。石頭能夠增強波動，增強對心上人「思念」的能量，從而傳達給對方知道。

關於使用瞑想的方法，將留待稍後再詳細介紹。

女性也可以採用這個方法。不過，以女性的情形來說，直接佩戴在身上更具效果。玫瑰石英能夠提高女性的魅力，使其變得可愛、溫柔、高貴，充分展現真正的女性美。

使用方法非常簡單，只要將其製成項鍊、耳環、手環等戴在身上即可，如果已經有男朋友，那麼他會因此再次發覺妳的魅力；如果只是單相思，那麼對方將會開始注意到妳的存在。

除了外在的魅力以外，也能引導出精神上溫柔、可愛的一面。對於那些在自己喜歡的人面前，無法坦率表達出真正自我的人，我是建議他們佩戴玫瑰石英，因為，藉此即可自然表達出內心純樸、可愛的一面。

現在還沒有戀愛對象的女性，佩戴玫瑰石英也能發揮很大的效果。因為，魅力的提升，能夠使妳周圍聚集更多的人，此外，希望多認識朋友或基於工作需要必須和很多人接觸的人，玫瑰石英是你（妳）強而有力的同志。

召喚幸運的瑪瑙

我國自古以來就使用瑪瑙。在我國，能夠採集到的彩石種類較少，主要是以翡翠、水晶、瑪瑙等為代表，當中又以瑪瑙的產量較為豐富。像一般人所熟知的月牙玉等裝飾品，大多是由瑪瑙所製造出來的。

現代人經常用瑪瑙刻成印章。瑪瑙能夠增強經商運及工作運、聚集財富，因此工作上使用瑪瑙製成的印章時，就會有財運降臨，其中又以稱為紅瑪瑙的瑪瑙為佳。

擁有紅瑪瑙的人，具有旺盛的能量及較高的身心力量。國人經常將小型紅瑪瑙當成護身符隨身攜帶，原因即在於此。

當我還是個孩子時，附近有個名叫和江的女孩子。和江曾經被火燒傷，臉頰上殘留著受傷的痕跡。不知從那兒聽來的秘方，和江經常用紅色石頭抵住疤痕，後來據她母親表示，她臉上的疤痕果真消失了。

我印象最深刻的是，即使是在玩的時候，她也會從口袋裏掏出石頭抵住疤痕。當時我感到十分納悶，但是現在卻完全了解了。因為，石頭具有治癒疤痕的力量，能使身心恢復健康。由於自和江搬家後我就不曾再見過她，因此她的疤痕究竟痊癒到何種程度，我不得而知，不過由其母的言談看來，似乎對石頭的力量深信不疑。根據印象中石頭的顏色，我判斷她所用的應該是紅瑪瑙。

和江的例子，證明國人早已在生活中活用力量石。

另一種有藍瑪瑙之稱的瑪瑙，也可以當成護身符使用。有個朋友送我一顆上面有「

道」字的藍瑪瑙，據她表示，數年前她自己也買了一個，而且工作上也得心應手。

「道路開了。」

自此她便將這個石頭視為護身符，其後再到當初買石頭的地方去時，她一口氣買了好幾個準備送給朋友，我想，現在我能寫成這本有關彩石的書，可能也是拜這個石頭之賜吧？

藍瑪瑙能使情緒恢愎平靜，鎮定焦躁的神經、使精神集中，因此對考生特別好。對於容易因害羞而緊張的人，更是最適合的彩石。人一旦緊張，就無法充分發揮實力，以致表現大打折扣，反之，當擁有藍瑪瑙時，情緒就會平靜下來，進而能充分發揮實力。

瑪瑙是象徵穩定的力量石。因其是由內側增進擁有者的能量，從而提高生命力和精神力，所以能夠召喚穩定及幸運。

使人際關係和諧的土耳其石

天藍色的土耳其石，想必各位都非常熟悉。這是自遙遠的古代開始，就被當成守護石使用的彩石。

一提起土耳其石，很多人立刻會聯想到它是土耳其採集到的石頭。但事實上，土耳其並未出產土耳其石。現有的土耳其石，主要來自伊朗或埃及西奈半島。因為必須經過土耳其，藉由土耳其人之手運往歐洲，故命名為土耳其石。至於其歷史，則可以追溯到紀元前。

除了前述東方國家以外，美洲大陸也可以採集到豐富的土耳其石。自古以來，土耳其石一直是印地安人的守護石，在中國則被稱為〈松石〉，是隨身佩戴的珍貴飾品。

土耳其石具有使朋友、親子、情侶、同事等各種人際關係和諧的力量。尤其是，送給他人的土耳其石，力量遠比從他人那兒得到的土耳其石更強好幾倍。

河野圭子（假名）女士根據個人的經驗，認為將土耳其石送給對方時，可使從此的感情更加親密。

或許是因為有了男朋友，和親友T相處的時間太少的緣故吧？河野和T的感情長年不睦。

「仔細想想，當我和T在一起時，話題總離不開我的男朋友。對於這類話題，T當然一點也不覺得有趣。然而，我卻一心想著自己的事情，完全忽略了對方的感受。換句話說，我實在太不會為他人著想了。」

終於冷靜下來的河野，試著想要恢復與T之間的友好關係。問題是，人際關係的鴻溝一旦形成，往往很難去除。幾經思考之後，河野想到以前曾經聽說過的土耳其石的力量。

河野當即買了一副土耳其石耳環送給T。在這之前她對著土耳其石述說了想要與T重修舊好的願望，不久後，T慢慢地會主動打電話找她聊天，再過一段時間兩人的關係甚至變得比以前更加親密。

在這個例子當中，河野本身的想法當然也是重要的力量來源。換言之，她希望重修舊好的想法，確實傳達給了T。而土耳其石的作用並不僅僅如此而已，同時還加強了她的想念，正確地傳達到T的心靈深處。這就是彩石力量的作用。

除了特定對象以外，希望增加朋友或同志時。也可以使用土耳其石。在進入新環境時佩戴土耳其石，相信很快就能認識新的朋友。基於工作需要必須經常與他人接觸時，土耳其石能發揮強大的作用，給予對方良好印象，使工作順利進行。

產生元氣的黃水晶力量

黃水晶明亮的黃色光輝，能夠引導出積極的能量，帶給你勇氣。

每個人都有情緒低落的時候。同理，再有元氣的人也不可能一年三百六十五天都很有元氣地度過。有時可能會因意想不到的事情而束手無策，或是因為他人的言語而受傷，漸漸變得缺乏自信，甚至陷入什麼也做不成的憂鬱狀態。

這時，黃水晶能夠給你元氣，治療受傷的心靈，引出力量，使你從抑鬱寡歡的狀態下獲得解脫，重新積極地邁向人生之路。

一般來說，當能量減退時，就會缺乏嚐試新事物的勇氣。一旦遭遇失敗，則會自暴自棄，「看吧！我根本就不行。」進而抑鬱寡歡。殊不知如此一來，反而會使好不容易到來的機會平白溜走。

在我們身邊充滿了機會。幸或不幸，完全要看個人如何掌握機會來決定，當渾身充滿元氣時，自然能及時把握機會；反之，則會因喪失自信而眼睜睜看著機會消失。

憂鬱並非壞事，但是必須儘快重新站起來，不能一直沉溺其中。對此，黃水晶的力量將會給予莫大的支持。

希望產生元氣時，使用黃水晶進行想像訓練非常有效。方法是左手握著黃水晶、雙眼閉合，想像沐浴在陽光下的自己，或正積極展現行動的自己。有關想像訓練的方法，將在第五章為各位詳細介紹，要訣是想像一個理想的自己、成功的自己。

黃水晶能夠使你從否定（負面）的想法中解放出來，並從體內引出能量。快的話一次，慢的話也只需數次，就能使你充滿元氣。因此，黃水晶是代表希望的彩石。

黃水晶能夠使人變得積極。有的人明明有自己的意見或絕佳構想，卻害怕受到嘲笑而不敢暢所欲言，對於這種人我建議他們佩戴黃水晶。只要放一顆黃水晶在口袋裏，就能發揮意想不到的力量。

原就充滿元氣的人，將因而更能發揮優點，使美感湧現，將能力活用到極限。

擁有黃水晶以後，就會喜歡出現在人前。我有一個朋友，過去只要在超過三人以上的場合說話，就會覺得非常痛苦。但是現在，卻是人愈多的地方愈能使他充滿幹勁。

代表希望的黃水晶，能夠引出力量，使機會陸續到來。

第二章

彩石中蘊藏的神秘靈力

自古流傳下來的石頭之神秘力量

彩石的歷史相當古老。早在數億年前，石頭就已沉睡在地底。當人類歷史開始的時候，人類與彩石關係也於焉展開。

根據基督教聖經的記載，在伊甸園中有彩石閃耀生輝！

「你在神的伊甸園中，

許多的寶石圍繞在周圍。

也就是紅瑪瑙、黃玉、青玉（天青石？）、貴橄欖石、綠柱石（海藍寶石）、縞瑪瑙（瑪瑙）、藍寶石、石榴石、祖母綠。」

所謂青玉，即現在一般人所謂的藍寶石，但這裏指的應該是天青石。由前面引述的話可以知道，光是在伊甸園中，就存在著這麼多閃耀生輝的彩石。

紀元前在巴比倫帝國所寫成的世界最古老的故事『吉爾加梅西敍事詩』中，有一段是在描述樂園內的彩石。英雄吉爾加梅西一踏進樂園，便看見樹上有彩石結實累累。由此可知，彩石乃是樂園的象徵。

擁有高度發達文明的巴比倫帝國，非常重視彩石。巴比倫帝國盛行占星術，並且已經發現星星與彩石的關係。

有關詳細內容，將在第六章詳加介紹，不過誕生石即源自於此。

除了巴比倫帝國以外的古代文明發祥地，如亞述、耶路撒冷、埃及等，也將彩石視為護身符非常重視。當時人喜歡將天青石、土耳其石、紅寶石、黃玉、祖母綠等各種石頭佩戴在身上。

那是因為，他們認為色彩美麗的石頭，能夠驅魔、去除人的邪氣，並且蘊含著神或星星的力量。換言之，彩石可說是聖力的象徵。好的石頭，只有夠資格者才能擁有。像祖母綠等彩石，如果為道德較低的主教所擁有，據說顏色會改變。

即使到了現代，仍然存在著彩石只有夠資格者才能擁有的說法。一般的解釋是，石頭具有較高的波動，因此只有適合的人才能擁有。不夠格的人即使勉強弄到手，也會因故失去或弄丟。反之，夠資格的人根本不必努力，石頭就會自然聚集而來，這是從古到今世界共通的說法。

彩石之所以被視為王族或聖職人員的象徵，原因就在於此。事實上，彩石不單只是財富或權力的象徵而已，同時也可以視為人性的證明。

與彩石有關的傳說

擁有古老文明的印度，也非常重視彩石的力量。印度是盛產紅寶石、藍寶石、雞血石、月長石、紫水晶，鑽石等彩石的寶庫，自古就有許多寶石被挖掘出來。

印度人將紅寶石視為幸運的象徵，認為擁有者可以獲得幸福與成功。當紅寶石突然變色或出現傷痕時。據說即意味著不幸即將降臨。

同樣是藍寶石，有些國家的人們認為它能帶財富、智慧及一家繁榮，但是印度人卻認為有傷痕或色澤不良的石頭會招致不幸。或許是因為產量豐富的緣故吧？印度人連彩石的品質也非常注重。

在印度，還有所謂的水晶壺。據說佛教的開山始祖佛陀生於印度、死於印度。當佛陀入滅（死後），其骨被當成佛舍利分給眾人，供於寺院中接受祭祀。而用來裝佛舍利的容器，據傳僅限於水晶壺。為此之故，水晶長久以來一直被視為聖石。

位於印度南方的島國斯里蘭卡，也是盛產彩石的寶庫。其中包括十分珍貴的金綠石和猫眼石。由於其種類、產量之豐、品質之高堪稱世界之冠，故被視為世界最佳的寶石產地。

在斯里蘭卡，彩石被當成符石隨身佩戴。其中一種會浮現星形的星光藍寶石，據說除魔的力量最強。只要佩戴星光藍寶石，就能保護身體百邪不侵，同時引來幸運。由此即可證明，人們相信彩石蘊含著強大的力量。

東南亞也出產各種彩石，例如，泰國盛產紅寶石和藍寶石，清邁則除了上述二者以外，還出產電氣石、月長石、翡翠等。尤其是清邁的翡翠，更以品質卓越而舉世聞名。

一提到翡翠，大家立刻會想到中國。但事實上。中國並不出產翡翠，自古以來皆由清邁進口。中國人特別喜愛翡翠，因此至今仍不惜千里迢迢將其輸入中國。

翡翠被視為幸運石，在中國備受讚美，據說，擁有者能夠獲得成功、財富、繁榮與長壽。所以，不分男女，很多人都把它當作護身符帶在身上。

古代官員手中所持的笏，有部分是由翡翠所製成。持有用翡翠製成的笏，據說可以實現自己的希望。至於女性，則大多佩戴翡翠耳環。翡翠據說是愛的守護石，因而對女性來說是不可或缺的彩石。

日本人將進口的翡翠，加工製成月牙玉。月牙玉被視為具有強大力量的神器。目前仍然傳承的三種神器之一，八尺瓊勾玉據說在宮中連天皇自己都不曾見過，由此可見其神聖地位。根據推測，這個八尺瓊勾玉應該就是翡翠。

雖然日本的彩石種類較少，但卻自古以來就肯定石頭的力量。在神社等地，經常會看到攔上稻草繩的石頭，因為人們相信，神就寄宿在石頭中。除了神體化身為石頭的故事以外，日本人還將石頭當成護身符販賣，是以人們很自然地就能接受石頭的力量。

石頭是幸運的象徵

即使是在現代，石頭的力量仍然令人深信不疑。有關石頭的力量，有的是自古流傳下來的說法，有的則是嶄新的發現。

以日本為例，最近流行以青石作為結婚的守護石。人們相信，結婚時佩戴藍寶石、土耳其石、天青石等青石，可使婚姻幸福。除了以青石作為婚戒外，也有人將青石作成耳環戴在身上。不論採用何種形式，只要將青石帶在身上，就能享有幸福的婚姻生活。

青色帶有「永遠」的意思。就好像湛藍的天空或海水一樣，既廣且深，象徵著永遠持續的深厚情愛。青石之所以流行，可能就因為人們期待它能發揮這種力量吧？由這點來看，現代人對彩石的信賴，倒也並非毫無根據。

尤其是在彩石產地，這類信賴特別強，過去，當我前往斯里蘭卡時，曾多次聽人談起彩石的力量。記得有一天黃昏，我在一個名叫堪迪的古都散步，當我來到佛齒寺前方的廣場時，一名兜售當地特產的年輕小販走了過來，向我展示掛在他手上的月長石耳飾。

「買個月長石吧？這可是真的喲！只要擁有它就能給妳帶來幸福。」

年輕小販邊說邊舉起月長石。這時夕陽已經西下，月亮高掛在空中。在月光的映照下，白色的月長石綻放出難以言喻的柔和光輝。雖然我並沒有答應購買，但是對方所說月長石會召喚幸運的話語，卻令我印象深刻。

在斯里蘭卡，我曾經到挖掘彩石的現場去參觀。挖掘工作非常辛苦，男人們必須站在偌深的穴底不停地挖土。正當我站在一旁觀看時，附近有名男子告訴我：

「我讓妳看看石頭吧！」

說著從小袋內取出幾顆彩石來。其中包括藍寶石、海藍石、猫眼石、紅寶石、黃玉、金綠石等，全都綻放著美麗的光輝。

這名男子用手捏起藍寶石：「這可是幸運石喔！」

說完便走開了。

回到鎮上，我到店裏挑了一顆海藍寶石，而店主也告訴我：

「佩戴這種彩石會給妳帶來幸運喔！」

似乎在他們眼中，所有彩石都是幸運石。不過，事實也證明了他們的想法並沒有錯。

在墨西哥也有同樣的情形發生。當我買了一小顆墨西哥黃玉以後，店主人取出一顆小小的自然水晶結晶。

「水晶是力量石，能夠使妳的運勢增強。」

說著把它送給了我。當我買土耳其石時，他又說道：

「它能保佑妳旅途平安。」

有關土耳其石能夠保護旅人一路平安，是自古就流傳下來的說法。我想，我在旅途中之所以未曾遭遇任何痲煩，應該是拜土耳其石之賜吧？

彩石的力量，絕非古代流傳下來的迷信。即使是在現代，世上仍然有很多人對它深信不疑、非常地重視。

提高能量的彩石力量

在能夠採集到水晶的土地上，據說有所謂的能量點。可以想見的是，這片土地必然具有相當高的能量。到那兒去的人，不單能增強能量，更能開發潛能。這種情形最適合進行瞑想，往往很快就能到達最高境界。

因此，在美國，有很多人到能量點去進行瞑想。

日本山梨縣的甲府，自古以來就是著名的水晶產地。沿著溪谷而上的昇仙峽，是一片險峻的山岩，昔日曾是水晶的盛產地，但如今已經開採殆盡。

順著溪谷往上，有個叫做御嶽的地方。建於此地的金櫻神社內，所供奉的神體本身就是水晶。因此，御嶽過去被視為供修行之用的靈山。靈山僅限於神聖的土地，亦即所謂的能量點，有志者可在山中進行瞑想，藉此提高潛能。雖然表現方式不同，但感受與想法卻是世界共通的。

當然，並非只有水晶才能形成能量點。那些曾在古代出現高度文明的土地，多半能夠採集到彩石。

像可採集到土耳其石的埃及和美索不達米亞的古代文明，就非常有名。而印度，醫學、天文學、宗教等自古以來就非常發達。斯里蘭卡目前雖不得而知，但卻留存著許多驚人的遺跡。那是因為，當地自古就具備高度建築技術及藝術所致。

在東南亞一帶，泰國早在古老時期即形成文化。例如，早在紀元前三千多年，就出現了開始使用青銅器的冬前文化。

美洲大陸的文化也非常古老。早在歐洲人移居之前，美洲就出現了繁榮的印地安文明。其它如馬雅文明、亞斯提卡文明、印加文明等，都屬於高度文明。由其留存下來的遺跡當中，可以發現土耳其石、翡翠等各種彩石。

如果能採集到水晶的土地就是能量點，那麼能採集到其它彩石的土地，應該也是同樣的情形。所以，當地自古以來就有高度發達的文明。

一旦擁有強大力量的彩石沉眠在地中，則這片土地應該也具有強大的力量。彩石除了能提高土地的能量以外，也會對住在那兒的人產生影響，使其發揮較高的能力或創造力。

現代人所以能享有高度文化及豐饒的生活，或許就是受到彩石力量的影響吧？

石頭中蘊藏著宇宙能源

彩石為什麼具有強大的力量？為什麼和普通石頭不同呢？還有，這些美麗的石頭究竟是如何誕生的呢？很遺憾地，這些問題至今仍然裹著一層神秘的面紗。

彩石是歷經幾百萬年、幾千萬年的時間才誕生的。在各種條件具備的情況下，形成極少數的美麗結晶。至於為什麼不是普通石頭而是美麗的彩石，我不得而知。可以確定的是，彩石的確凝集了地球的能源。

地球是活的，可將其視為一個大的生命體。

到過月球的太空人曾說：「月球上沒有會動的東西。因此，當我回到地球、看見海面上起伏的波浪時，不禁感歎：啊！地球是活的。」

然而，一般人卻不會這麼想。流動的雲、吹動的風，在我們看來乃是理所當然。甚至連植物的生長、動物的生存，也被視為理所當然。殊不知這一切，全都是地球是活的的證明。

地球有生命、有能源，因而產生各種東西。石頭就是其中之一。當其誕生時，必須使用地球的能源。

不單物體產生時需要能源，其品質愈高，則使用的能源愈多。以彩石為例，它比普通石頭更硬，結晶的品質較高，色澤和光輝也和一般石頭不同，因此用掉了大量能量。

彩石的力量，來自於地球的能量，進而成為各種力量。

可增強彩石力量的，是宇宙能源。宇宙中充滿了能源，因此不單地球是活的，宇宙也是活的。

透過物理學，我們知道宇宙會持續膨脹。整個宇宙可以視為一個生命體，而且就好像人類的細胞一樣，古老的星球死去後，又會有新的星球誕生。

抬頭仰望夜空，宇宙空間中似乎什麼也沒有。的確，宇宙呈真空狀態，沒有空氣，但其間卻充滿了質子、電子、中子等肉眼看不到的粒子。雖說是粒子，能量卻很大，且源源不絕地貫注到地球上。人們稱之為宇宙線，也是所謂的宇宙能源。

地球上的任何東西，都能接受到宇宙能源，不同的是，有的容易吸收能源，有的則不容易吸收。有的東西容易脫離、有的不容易脫離。水的易冷、易熱；金屬的冷卻，就是這個原因。即使是對熱這種能源，反應方式也會因物體不同而產生差距。

彩石容易吸收、聚集大量宇宙能源，而且所吸收能源不容易脫離。古人認為，它是由石頭的硬度所造成的。由此可知，早在發現宇宙線之前的遙遠古代，人類就已經知道了箇中奧秘。

能源不容易脫離，硬度當然也是原因之一，密度高的物質較硬，能源也不易脫離。不過，波動的力量卻會造成更大的影響。

召喚幸運的波動

波動是像宇宙線一樣肉眼看不到的波，可將它視為與電波一樣的東西。

經由最近的科學研究證實，波動來自所有物體，當然也包括人類在內。此外，每一種物體都有不同的波動。

與人初次相遇時，雖然並未交談，卻可以感覺到自己與對方是否合得來，這就是波動。事實上，這時我們可以將其稱為波調合或不合。

波動具有各種不同的個性。它會根據物體的性質，形成肉眼看不見的波調發出。

我這麼說，或許很多人會感到疑問，說人或動物、植物、礦物有波動倒還可以理解，要說連椅子、桌子也有波動，那就太令人匪夷所思了。

但是，桌椅原本也是自然的產物。像膠合板，是由木頭製造出來的；椅子上的鋼管，則是由鐵等礦物所製成。只因為被塑造成人工型態，我們才將它視為物。其它如塑膠或樹脂等，乃是使用來自植物的樹脂製成。

大體而言，經過過度化學合成或加工東西，波動較弱。反之，愈接近自然的東西，波動愈強，其優點是較容易吸收能源，且能源不易脫離。

波動有好有壞，品質也有高低之分。例如，我們走進飯店或旅館的房間時，偶爾會產生一種說不出來的嫌惡感。這就表示，在這個地方存在我不喜歡的波動。如果忍耐住一宿。可能整夜都無法成眠，這樣例子屢見不鮮。

相反的，某些東西可能會深深吸引著你。只消看上一眼，就會令你愛不釋手、想要得不得了。至於原因為何，自己也不得而知。

像這種情形，你所感到的就是一種好的波動，亦即與你合得來、會對你造成正面影響的波動。尤其是對彩石，更容易產生這種反應。

波動只能與相同的波動相合。因此，收音機的周波數必須與頻道配合，才能接收到聲音。一旦波調不同，則無法接收到。

也就是說，一的波動只能與一的波動相連、一〇的波動只能與一〇的波動相連，每一個波動都只能與自己相同的波動同調。

彩石能夠排除麻煩

彩石具有相當高的波動，雖然每個石頭的個性都不同，但是基本的質卻很高，因此，當然能夠與同樣高品質的波動相連。

宇宙能源的波動也很高，故彩石容易吸收宇宙能源。

此外，自古以來即傳說彩石寄宿著神力。不用說，神當然是與高波動相連。談到神這個字眼，或許有人會覺得宗教意味太過強烈。不相信神的人，不妨想想大自然的能源。這種來自自然的巨大能源，我們感覺就像雨神、火神等神的存在一樣，而屬於一神教的基督教，更將廣大的宇宙視為神。

由於只能高波動相連，無法與低波動同調，故彩石非但無法和不良或品質較低的波動相連，甚至還會將其排除。彩石之所以能驅魔、去除邪氣，原因即在於此。換言之，高波動能夠驅魔。

彩石能夠召喚幸運，也是基於相同的理由。擁有好波動的事物、好的人，能夠與彩石同調而互相吸引。也就是說，彩石之所以能召喚成功、財富、愛情，就是因為波動的力量。

有關波動的作用，只要看人類平常的表現就可以瞭解了。經常抱持晦暗、否定思想的人，只會召來具有相同思想的人。憤怒的人，只和同樣心懷怒氣的人處得來；不安的人，也只與同樣心懷不安的人氣味相投。因此，麻煩或倒霉事接踵而來時，應該重新評估一下自己究竟發出了什麼樣的波動。

這時，彩石的力量將會發揮作用，使你從否定的想法或情感中獲得解放，並且摒除不良波動，送入明快的高波動。

既是屬於不同調的波動，當你抱持否定的情緒時，可能就會和好的波動擦肩而過。但因彩石具有淨化作用，首先會消除不良波動，並提高當事人的能源和波動，故彩石的力量有助於提高人類本身的素質。

有天使寄宿的力量石

彩石的波動具有不同的個性。有的溫柔、有的強烈、有的平穩。此外，波動愈高，力量也就愈強。所以，一開始時不要焦躁，要仔細挑選最適合自己的彩石，這點非常重要。

當然，波動並非一成不變的。當遭遇麻煩或情緒低落時，就會出現否定的波動。對於不好的波動，大可不必耿耿於懷，只要挑選適合自己的石頭就可以了（有關挑選石頭的方法，將在第七章中為各位介紹）。

擁有彩石以後，波動會隨之改變。否定的部分會逐一消失，並且漸漸提高波動。發生於體內的變化，或許與一開始所選的石頭不合。一旦感覺到不合，最好立刻放手，或是將其送人，或是讓它重返山海等大自然中，然後另外找適合的石頭。

剛開始接觸彩石的人，幾乎都會面臨以下的情形：當淡的波動不斷向上提升時，吸引你的石頭的波動也會提高，在不知不覺中使你的水準漸漸提升。這應該也是一種自我成長吧？

石頭與人因互相吸引而相遇。在與彩石接觸多年以後，也許你會遇到很好的石頭。

坊間流傳著天使寄宿在石頭中的說法。最初聽到這個說法時，很多人的直覺反應是：「這怎麼可能呢？」問題是，提出這種說法的並不只有一個人而已。

下面就為各位介紹了S•K的例子。S•K從幾年前就成為彩石的愛好者，手中擁有很多石頭。每當買進新的石頭時，她就覺得自己的水準提升了。

有一天，S•K看上了一枚水晶黃玉作成的戒指。S•K直覺地認為這就是自己所要找的，於是毫不猶豫地將其買下，每天戴在手上。

後來，一位因工作關係認識的女性，對這顆石頭深感興趣，要求她脫下來借她看看。這名女性將彩石對準光，突然發出驚訝的叫聲：

「啊、石頭中有天使呢！」

詢問之下，原來這位女士靈感頗強，能夠看到、感受到許多的事物。根據她的說法，在石頭中正有許多天使在快樂地嬉鬧著。

S•K自己什麼也沒看到，因此對於石頭中有天使的說法半信半疑。有一天，她略帶著羞澀地把這件事情告訴了我。當我告訴她我已不止一次聽說過類似的說法時，S•K先是目瞪口呆，接著便很高興地笑了起來：

「原來真有這麼回事啊！哇，我可得好好保存這顆一石頭才行。」

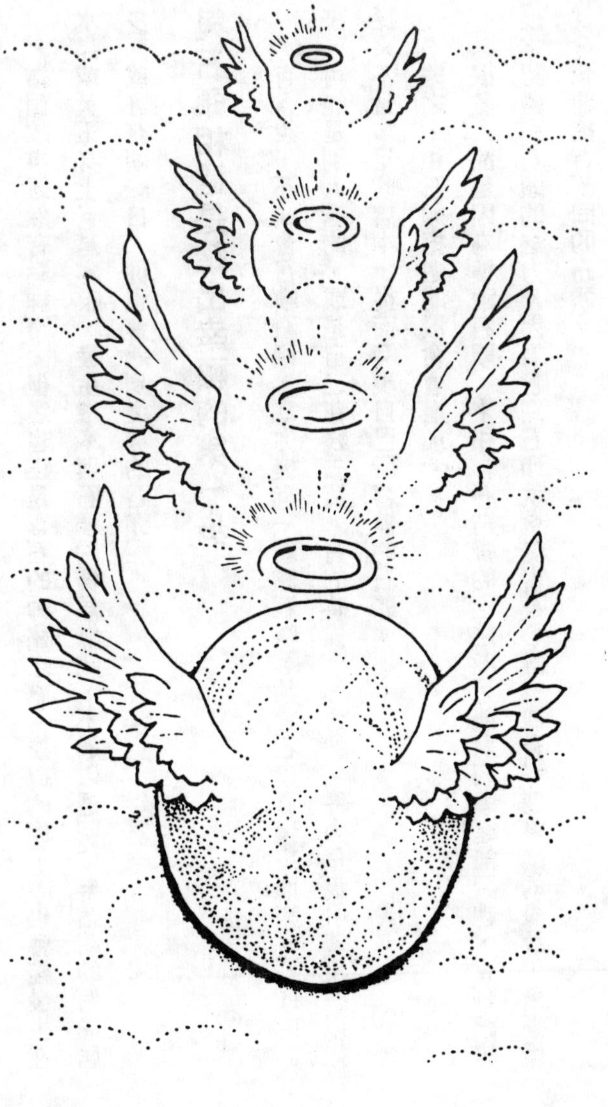

自從S・K買了這顆石頭以後，好事便接連發生，因此我相信她現在一定非常寶貝這顆石頭。

這個故事雖然有點神奇，但這也正是彩石的神秘之處。類似的例子，也曾經發生在水晶或黃玉身上。基本上，發生機率與石頭的種類無關，不過以透明或半透明的石頭居多。或許有朝一日，你也會遇到這樣的石頭呢！

與石頭相遇是踏出幸福的第一步

有人說，石頭會召喚石頭。當你擁有一顆彩石時，其它石頭會聚集而來。石頭的到來，可能是別人送的，或是自己花錢去買。有的時候，你會被某種力量吸引著鑽進以往從來不曾涉足的店中，從而發現自己所喜歡的石頭。

總之，和石頭相遇的機會會增加。

很多人都是因為獲贈石頭，才和彩石結緣的。之前可能對石頭毫無興趣，直到結緣後才認識到石頭的魅力。因為看到石頭就會覺得身心舒暢或有好運降臨的緣故，漸漸地就會想要擁有不同的石頭。

這時依情況而定，也許事情就那麼剛好，有人正巧送了你一顆呢！

擁有彩石以後，你將更能瞭解石頭的個性。活力充沛的石頭、平靜的石頭、能夠安慰你的石頭等，你能感覺到各種不同的波動。

通常可配合自己當時的狀態，分開使用。

與彩石相遇，可說是來自宇宙的贈禮。在你最需要的時候，宇宙會引導你們相遇。

也許你認為這只是偶然，但其中卻蘊含重要的意義。

前面說過，擁有石頭的人能夠獲得幸運。當然，這並不表示你能得回買石頭的錢，而是指與石頭相遇能夠為你帶來幸運。事實上，與彩石相遇本身就是一種幸運，更何況它還能帶來更大的幸運

擁有一些石頭以後，一定會有能夠成為強力守護者的石頭出現。在重要時刻佩戴這種石頭，將會發揮莫大的助益。

有些彩石的價格非常昂貴，不過價格與力量的強弱完全無關。即使是只値一、二百元的碧玉，也充分具有成為幸運石的力量。很多女演員喜歡佩戴水晶項鍊或水晶耳環，原因即在於此。水晶飾品雖然並不昂貴，卻是她們的幸運石。

必須注意的是，千萬不可完全依賴石頭。彩石固然能增強力量、提高波動，但力量也包含增幅作用在內，只能增強當事人所具有的力量。

舉個例子來說。雖然很想有個愛人，但如果本身缺乏愛的能量，則石頭也束手無策。畢竟，要從無變為有並不容易。相反地，只要你擁有一點點能量，石頭就能使其增強、擴張，因此，本身必須先具備朝幸福邁進的能量，才是最重要的。

彩石的力量，只有在你和石頭的波動相合時才會增強。在這種共同作業的情況下，你必須像相信石頭一樣地相信自己的力量。

與彩石的相遇，是邁向幸福的第一步。筆者深信，等待與你相遇的彩石，必然存在於某處。

第三章 使願望實現的彩石

個性豐富的彩石力量

彩石具有各種不同的力量，紫水晶有紫水晶的個性，月長石有月長石獨特的個性，此外，依種類不同，彩石的波動也不同。

現今地球上有二千種以上的礦物。在這當中，具有寶石價值的非常少，大約只有一百種左右。彩石是根據結晶形狀、土地狀態、純度、硬度及色澤等微妙的組合來決定種類及力量的內容。

彩石的個性，受顏色的影響極大，除了形狀、質地會形成不同的波動以外，顏色本身也會形成不同的力量和波動。以紅色為例，波動較為活潑，青色則波動較為平靜。

彩石以單色居多，例如紅寶石、黃玉等；當然，同時具有多種顏色的彩石也不少，像瑪瑙就擁有紅、黑、茶色等顏色，電氣石則含有綠色、粉紅色、茶色、無色等不同的顏色。同樣的石頭，會因色澤不同而致力量產生微妙的差距。

在販賣石頭的店或珠寶店裏，可以看到各種顏色的彩石。像綠色、粉紅、無色三種顏色混在一起的電氣石，呈橘色或黃色的藍寶石，呈綠色的石榴石等，都具有罕見的美麗顏色。同樣是綠色或青色，色澤也會因石頭種類而有所不同。至於為何會產生如此微妙的顏色變化，我也不得而知。總之，你愈是深入觀察，愈能感覺到彩石的神奇。

彩石何以具有如此美麗的顏色，至今仍然是個謎，當然也無法用科學方法來加以解釋。因為，美麗的顏色本身就是一種神秘，而彩石所具有的神奇力量，就來自於這種神秘。

到底要使用何種彩石，應該由你自己來決定。當對工作、學業、感情、健康等方面有所冀求時，便可使用具有相合力量的石頭。石頭除了能提升自己、使生活豐富以外，還能保護自身免於痲煩或嫉妒。

只要你自己覺得喜歡、渴望擁有，就是適合你的石頭。因為，當你這麼想時，就表示你和石頭的波動非常吻合，故而它一定能為你帶來幸運。

接下來要為各位介紹各種石頭所有的力量。為了方便起見，我將其區分為白石、紅色等各顏色。一開始時，只需挑選你所喜歡的顏色即可。現在，就從擁有一顆自己喜歡的石頭開始，與石頭進行溝通吧（有關與石頭溝通的詳細方法，請參照第七章）。如此一來，必然能使你擁有個豐富的未來。

白石◉白石的力量

月長石——豐富愛情的石頭

在長石礦物當中，月長石是最具代表性的一種。外表呈半透明的乳白色，光帶美麗、生動。原產國包括印度、清邁、斯里蘭卡，自古以來即被視為「神聖石」。

月長石在印度人眼中尤其神聖，每次出現在人前都被置於黃布上。黃色（金色）象徵神聖，由此可見其受重視的程度。

月長石的主要特徵，是具有會產生光動效果的光帶。每當變換石頭的角度時，光也隨之變動，散發出柔和的白色光輝。據說這就是神秘月光的象徵，且愈接近滿月，光輝愈會增加。

有關月長石能夠召喚幸運的說法，在各國流傳著。據說將月長石戴在身上，可為主人帶來幸運。或許是因為這個緣故吧？近來月長石在國內特別受歡迎，除了將其製成耳環或戒指隨身佩戴以外，情侶也喜歡以它作為送給對方的禮物。

月長石最主要的力量，就是能使愛情豐富。如果你正想挑個石頭送給心上人，那麼

月長石無疑是最佳選擇。特別是，如果這是對方第一個得到的石頭，那麼豐富情愛、加深彼此連繫的力量就更大了。

萬一還沒有贈禮的對象，不妨自己佩戴。讓月亮的能量寄宿在月長石中，將能引導你遇見心上人。

月長石的神秘力量，還能幫助你預見戀情的未來發展。只要將浸泡石頭一晚的水含在口中，然後閉上雙眼想像兩人的姿態，這時所浮現的影像，就是兩人的未來。映照月光的月長石，能使心靈保持平和，消弭不安與擔心、撫平心靈創傷，使情緒平靜下來。當你獲得如同滿月一般的滿足感時，穩定、豐富的情感也就隨之而來。

猫眼石——帶來希望的石頭

猫眼石具有各種色彩，例如黑色、紅色或如墨西哥猫眼石般的橘色。其中以白色居多，深受國人喜愛。

白色猫眼石並非純白，在白色當中還摻雜青、紅、綠、黃等各種顏色。慢慢移動時，可以發現各個顏色閃耀生輝非常美麗，它的作用之一，是使心情憂鬱的人恢復開朗。

猫眼石具有帶來希望的力量。在倒霉或對將來感到不安時，猫眼石能帶來希望，引導你走向幸福的方向。

古羅馬帝國的人民，非常喜歡猫眼石。相傳某位擁有漂亮猫眼石的貴族，寧願選擇流放，也不肯將手中的猫眼石獻給王妃。由貴族寧願選擇猫眼石而放棄國家的例子，即可看出其受喜愛的程度。

猫眼石不單能帶來希望與幸福，自古以來還盛傳它能治療眼睛疾病、使能量活性化。不過，年輕而充滿元氣的人，並不適合猫眼石。因為元氣過盛，可能會導致不定性。

珍珠——使辛苦和努力開花結果的石頭

珍珠在日本又稱白珠，自古以來即深受喜愛。當然這與珍珠和日本人的膚色相襯，能夠互相輝映有關。

正確地說，珍珠並非石頭，而是異物進入貝中吸收貝類成分而形成的。對貝類而言，這或許是一種痛苦，但最終卻能形成美麗的珍珠。此一過程，與靈魂不斷遭遇痛苦而成長有異曲同工之妙。

珍珠，象徵著在辛苦、努力之後終於獲得了幸福。為人群竭盡心力、不斷忍耐的人，可以經由珍珠獲得力量，使努力與犧牲有所回報。而昔日的傷痛，也會因珍珠而消弭於無形。

此外，珍珠還能使女士的男性運好轉。佩戴珍珠的女性，通常很快就會遇到值得交往的男性。

水晶——淨化作用出類拔萃的石頭

水晶堪稱日本國石。自古以來，日本人就將其視為具有神奇力量的力量石。另外，他們還相信，佩戴水晶能夠驅魔、保護自身免於麻煩及他人的惡意中傷，並獲得神佛的加護。

水晶的力量在世界各地傳說著。在美國，一般人喜歡將其當作護身石佩戴在身上，墨西哥人則將其當成飾物或裝飾在房中。據傳將水晶裝飾在房中時，可將由外界進入的不艮波動轉換成好的波動。

住在日本東京的一位女性，使用水晶來淨化房間。鬼門位於東北方向，相傳容易聚集各種魔與靈，而這位女性住家的玄關正好朝向鬼門，因此不時會聽到一些奇怪的叫聲。她覺得很不舒服，但卻無計可施。有一天，不知那來的靈感，她將原來放在南側的水晶，移到鬼門所在的位置。不可思議的是，從此以後這些奇怪的聲音都消失了。

類似的傳說時時可聞。由於水晶具有強大的淨化力，能使不良的能源變為好的能源，因此人們經常利用它來淨化肉體和精神能源、治療疾病或消除壓力。近年來在美、日等地，使用水晶的治療師日益增加。由此可見，水晶的確具有使能源活性化的力量，能將人和空間的波動提升至更高境界。

水晶之所以能召來幸運、引導持有著遇到好人，原因就在於它具有高波動，能夠召喚同屬高波動的事物。事實上，擁有水晶後好事接連降臨的例子比比皆是。

水晶單獨使用時，力量原就極強，如果與其它彩石併用，則力量更強。例如，將天青石和水晶同時帶在身上時，可增強天青石的力量。換言之，水晶具有增強彩石本身力量的作用。

天青石有的呈透明狀，有的則含有金色的針狀礦物，稱為金紅石英，據說其力量比透明的天青石更強，能夠提高集中力與直覺力。

當各種顏色均勻混雜時，就會變成白色，因此無色透明乃是彩石的原點。為了擁有較強的力量，希望各位都能擁有天青石。

鑽石——提高肉體、精神能量的石頭

鑽石被視為最珍貴的寶石，不僅硬度極高，就連閃耀的光輝也比其它石頭更美。由於採集量少的緣故，其價格十分高昂。

最早發現鑽石的地方，是出產各種寶石的印度。印度出產紅寶石、藍寶石、石榴石等許多彩石，其中又以鑽石最受重視。印度人認為，鑽石能帶來財富、地位、豐富的人際關係，使努力獲得成功。

鑽石所具增強能量、提升波動的強大力量，不僅在肉體方面，在精神方面也會造成很大的影響。特別是當擁有者的精神性豐富時，鑽石更能增強其力量。

鑽石極高的硬度與純度，能夠提升能量，召喚幸運，使持有者獲得成功。尤其是召喚大成功的力量，比其它任何石頭都強。不論是在工作或愛情方面，都能使其變得豐富。

紅石◉紅石的力量

紅寶石——產生幹勁的石頭

紅色、透明的紅寶石，能為持有者帶來活力、元氣與幹勁。情緒低落或缺乏自信的人。最適合佩戴紅寶石。心裏想做卻無法勉強自己做到、認為自己程度有限時，紅寶石能夠成為你的支柱，因為它具有破除界限、開展可能性的力量。

一般人認為紅色代表不滅的火焰，因此用它來象徵不死之身，成為士兵參加戰爭時的守護石。對女性而言，紅寶石是生產的守護石。只要佩戴紅寶石，原本痛苦的生產便可輕鬆帶過。

另一方面，紅寶石也因具有加深情愛的力量而受人重視，被視為愛的守護石。此外。據說佩戴紅寶石戒指時，佩戴者都能心想事成。

石榴石——使情緒穩定的石頭

同樣是透明的紅色石頭，石榴石的色澤比紅寶石更深。因為這種紅色令人連想到石榴，故稱為石榴石。

能使持有者產生元氣這一點和紅寶石相同，此外石榴石還具有穩定的波動，可使持有者的情緒保持穩定。

石榴石具有強大的淨化力量，能淨化血液、使身體放鬆。在精神方面，則能治療心靈創傷、解放感情。不擅表達感情，容易陷入憎恨、憤怒情緒中的人，不妨多多利用石榴石的力量，使否定的感情消失，情緒變得明朗、積極，進而從憂鬱中重新站起來。

除了作為幸福及愛的守護石以外，石榴石還能提高想像力，喚起他人的慈愛心。

印加玫瑰鑽——治療心靈創傷的石頭

印加玫瑰鑽一如其名，是玫瑰色的石頭。因其在南美的印加帝國頗受重視，乃命名為印加玫瑰鑽。或許是因為強大力量獲得確認的緣故吧？印加玫瑰鑽最近特別受到彩石迷的喜愛。

印加玫瑰鑽能夠治癒心靈的創傷。不論是陳年舊傷或近日新創，它都能逐一撫平，使你走出寂寞和悲傷。

M女士就曾親身體驗過印加玫瑰鑽的神奇力量。兩年前，M的戀情以悲劇收場，致使她心靈深受打擊。當時，她並不知道彩石所蘊含的力量。有一天，她在店中看到了一枚印加玫瑰鑽。初次看到這種石頭的她，不知何故竟深受吸引，簡直已經到了愛不釋手的地步。幾經思考後，她終於將其買下。

之後她每天把這枚琢磨成圓形的石頭放在手中，凝視著其美麗的玫瑰色，不知不覺中竟然撫平了心靈的創傷。

過後不久，M小姐才由他人口中得知印加玫瑰鑽所蘊含的力量。吃驚之餘，她倒也立刻就瞭解了。

「原來我受傷的心靈與印加玫瑰鑽相連，怪不得我會深受它的吸引。假若當初沒有遇到印加玫瑰鑽，恐怕我還得花好長一段時間才能重新站起來呢！」

如今M小姐已經完全復原，不過她對印加玫瑰鑽的喜愛並未減退，甚至還買了加工製成的印加玫瑰鑽項鍊隨身佩戴呢！

印加玫瑰鑽的主要作用，就是召喚失去的愛情，提高你的溫柔、使你重視自己，如此才能積極地邁向未來。

玫瑰石英——愛的力量石

玫瑰石英屬於石英的一種，又名紅水晶，具有半透明的漂亮粉紅色，素來被視為愛的力量石。

玫瑰石英的作用在於擴展愛，既豐富自身內在的愛意，同時也傳達給對方知道。尤其特別的是，它具有提高男性愛情運的力量。自用或送給心愛的女性都可以。只要是與戀愛有關的事物，它都能發揮加深愛意的作用。如果還沒有戀愛對象，也可以以此作為引子，為戀情製造開端。

希臘人認為，在玫瑰石英當中，存在著象徵愛與美的女神艾芙洛迪提。因此，女性持有它以後，可藉由其能量增進美麗。因為具有使女性荷爾蒙活性化的作用，故玫瑰石英被視為製造美的要素之一。它能使肌膚變得光滑柔嫩、保持青春、提高氣質及優雅、增添女性魅力。

玫瑰石英優雅的粉紅色，和印加玫瑰鑽同樣具有治療傷痕的波動。對缺乏自信的人而言。是不可或缺的石頭。有了它，能使你重新拾回率真，並促進人際關係的和諧。對產生戀愛意識的女性來說，它更是一大支柱。

紅瑪瑙——給予勇氣的石頭

紅瑪瑙是早從紀元前就開始使用的力量石。在埃及，國王木乃伊的胸上都會戴紅瑪瑙，據傳可能與當時人認為紅瑪瑙具有使生命再生的力量有關。

紅瑪瑙是稱為玉髓的礦物之一，只有單一紅色的就是紅瑪瑙。玉髓與瑪瑙雖然石頭的成分相同，但單色的是玉髓、有條紋的則是瑪瑙。不過，一般都將二者稱為瑪瑙。

紅色半透明的紅瑪瑙，可使持有者湧現元氣，使消極的人變得勇氣百倍、積極向前，為其主要特徵。此外，當你感到迷惘、不知如何是好時，紅瑪瑙能夠幫助你認清正確的方向。

紅瑪瑙也具有消除他人惡意和嫉妒的力量。一旦覺得有人在嫉妒你，請戴上紅瑪瑙。即使只是放在背包或口袋裏也無妨，總之一定要隨身携帶。因為它能保護你。

此外，瑪瑙還具有召喚成功的力量。能夠提高判斷力與決斷力，幫助你充分活用機會，並且增進人際關係的和諧，避免與人相處上的痲煩和失敗。

纏絲瑪瑙——重新恢復自信的石頭

在紅瑪瑙中夾雜白色條紋的，稱為纏絲瑪瑙。

其力量與紅瑪瑙類似，能使你從喪失自信或憂鬱中解放出來。事實上，這可以說是紅色系統瑪瑙整體共通的力量。藉由它們，可使人滋生滔滔雄辯的勇氣，因此，因為害羞症而不敢在人前發言的人，最好擁有一顆纏絲瑪瑙。

另外，也可以在參加面試時使用。像推銷員等因工作需要必須經常與人交談的人，纏絲瑪瑙可說是最強而有力的同志。

纏絲瑪瑙的紅與白，象徵著男與女。這個紅與白的組合，令人連想到情深意厚的情侶。的確，纏絲瑪瑙具有增強愛的力量，能夠如其條紋一般加深兩人之間的繫絆。經常發生摩擦、爭執的情侶，不妨以纏絲瑪瑙作為守護石。事實上，早在古羅馬時代，纏絲瑪瑙就已經被當成愛的守護石了。

纏絲瑪瑙的另一種力量，則是能折衷兩個極端使其取得平衡。情緒不穩定、喜歡吵鬧、極端憂鬱或身心很難保持平衡的人，不妨多加利用。

藍石◉藍石的力量

天青石——提高整體運勢的石頭

談到力量石，最為人所熟知的就是天青石。天青石具有召喚幸運的強大力量。其優點在於能增強整體的運勢。而不侷限於特定的問題上。

天青石主要為深青色，有的則會混雜白色或金色。其中，混雜白色者品質較差，混雜金色者則極為珍貴。散佈在深青色中的金色，看起來就好像在夜空中閃爍的星星一樣。早在古代，人們就將它視為宇宙的代表，甚至認為宇宙的能量就蘊藏在天青石中。

埃及人將天青石視為具有強大力量的守護石，王族、貴族、神官等製成木乃伊的國

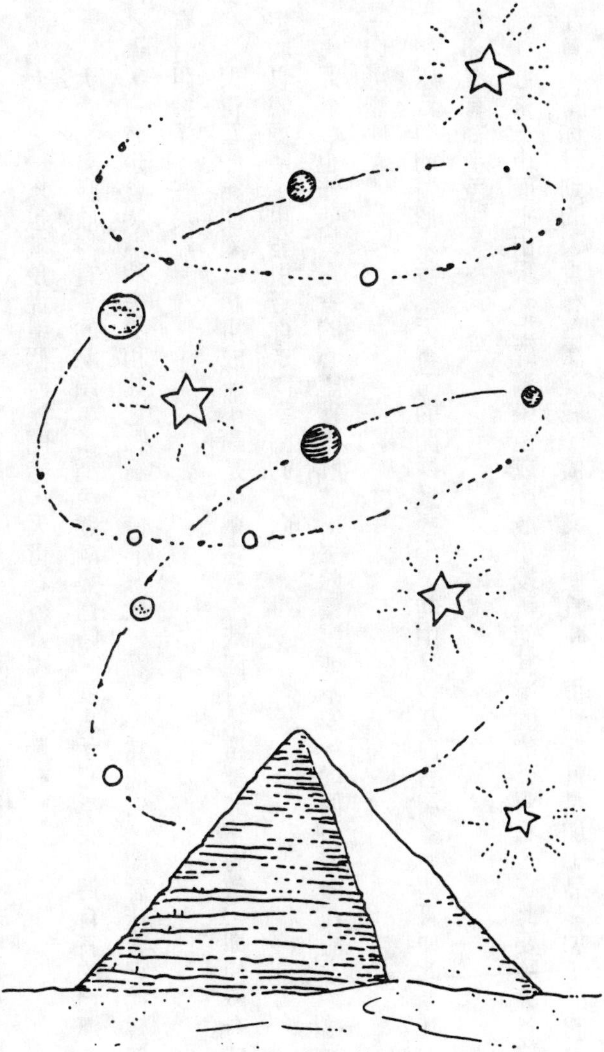

王身上。

在日本，天青石即昔日所謂的琉璃，非常受人重視。經由絲路傳入日本的琉璃，被視為七寶之一。也就是從這個時候開始，天青石被人視為力量石。

天青石會吸收持有者的麻煩，當顏色逐漸變白時，就表示它承受了持有者的壞運，不過，有時也會突然消失。和其它彩石的情形一樣，石頭突然消失，即意味著它代替持有者阻擋了一些災難。

天青石能夠使人心想事成，不論是佩戴在身上或隨身携帶都非常有效。即使沒有特定的具體願望，也能引導你走向幸福的方向。

此外，也能使持有者的心靈獲得解放、去除緊張或不安，從而引出潛在能力，擴展一切可能性。

以目前的情形來說，天青石的開採量極少，其中又以泛白者居多。儘管如此，其力量卻沒有絲毫差距。

近來，市面上出現一批經過染色或磨成粉後再使其凝固的天青石，在此要呼籲各位注意，當你看到的天青石色澤美麗、價格又很便宜時，很可能就是加工品。加工品的力量較弱，所以最好選擇雖然有些泛白，卻是出自自然的天青石。

土耳其石——他人贈送的土耳其石更能發揮強大的力量

土耳其石早在紀元前就被視為力量石，非常受人重視。這點由在埃及王陵及古代文明遺跡中均可發現它的踪跡，即可獲得證明。美洲大陸也能採集到土耳其石，在印加帝國及馬雅文明時代，都將它當珍寶般地加以使用。而印地安人更將它當成聖石。隨身攜帶。

土耳其石可使持有者具備勇氣和幸運。此外，也可以透過顏色的變化，預知所愛之人即將發生危險或變心。參加戰爭的士兵，可以把它當作守護石以避免受傷；在外旅行的人，也可以用它來避災解厄。

土耳其石有一個非常有趣的特徵。那就是，別人送的土耳其石，遠比自己買的更能發揮強大的力量。那是因為，土耳其石具有體貼的波動，故而送給對方時，兩人的心情會變得同調，藉由同調即可提升力量。因此，把土耳其石送給自己重視的愛人或朋友時，可為對方帶來幸運。如果你也想擁有土耳其石，那麼最好想辦法叫人送給你。

獲贈的土耳其石還有另一個好處，那就是能增強溝通，使雙方敞開心靈、建立更深一層的認識。當和自己所重視的人發生爭吵時，可以送他土耳其石，如此不但可以重修舊好，還能使關係更加親密。

另外，土耳其石也具有緩和緊張或興奮的力量。學生在參加考試、社會人士在出席會議或談生意時，隨身携帶土耳其石可幫助他做出冷靜的判斷，進而獲致圓滿的結果。

藍寶石——去除邪念、使心靈平和的石頭

藍寶石具有神聖的象徵，自古以來一直為神官或主教所使用。其作用在於能收集清新的能量、摒除邪念或慾望、使心靈保持平和，將靈魂引導至更高層次。

透明、深青色的藍寶石，會釋放出能鎮定心靈的波動。當你對他人產生憎惡時，藍寶石能治癒憎惡的情感，使心靈恢復平靜。

值得注意的是，藍寶石能夠提高能力、磨練個性、使表現力變得豐富。對積極工作或想要積極工作的人而言，藍寶石會成為強而有力的支撐。

海藍寶石——具有去除恐懼和不安的清澄光輝

有著如水般淡藍色的海藍寶石，一向被視為海中之寶。根據傳說，海藍寶石原是沈於海底、深受海精喜愛的寶石，直到被人從海邊撈起以後，人們才知道有它的存在。

會令人聯想起海水、有著透明水色的海藍寶石，素來被視為航海的守護石而受人重

視。長年在海上漂泊的船員，喜歡佩戴海藍寶石以祈求平安。很多人會將漫長的人生比喻為航海，因此也喜歡用海藍寶石作為保佑人生順遂、幸運的守護石。

海藍寶石能使自我表現變得活潑。擁有豐富內在卻無法將其表現出來的人，最適合佩戴這種彩石。它能使你變得積極、勇於發言，清楚地表達出內心的想法。

海藍寶石清澄的光輝，能去除恐懼與不安。當因為遭遇痲煩或不幸而喪失自信時，它能給你帶來希望。當你對未來感到茫然、不安時，它能引導你走向光明的方向。

隕磷石英——提高直覺力、創造力的石頭

顏色從明亮的青色到深藏青色都有。一般常見的是深藏青色。因為與天青石類似，故很容易搞錯。

隕磷石英是綠色孔雀石的同類，通常可以一併採集到。在隕磷石英中摻雜著孔雀石成分的隕磷孔雀石，力量比單色的隕磷石英更強，擁有它即可獲得幸運。

隕磷石英的力量，主要是提升持有者的能量。考生或經常神經緊繃的人，最適合使用這種彩石。它能使體內的氧很有效率地當成能量來使用、淨化血液、消除積存的疲勞、重新恢復元氣。在精神方面，則能消除疲勞和緊張。緊張會壓抑能力，因此定期紓解

緊張是很重要的。此外，隕磷石英還能提升創造力、靈感和直覺力，故可用來增強力量。對經常使用頭腦或神經的人而言，它是不可或缺的石頭。

藍瑪瑙——提升集中力的石頭

淡青色摻雜細條紋的藍瑪瑙，外表看起來非常美麗。正式名稱為青玉髓，一般製成項鍊、耳環等各種飾物來使用。

藍瑪瑙具有提高集中力的作用。一般而言，當人愈急著想要專心工作或唸書，就愈無法靜下心來。在這個時候，只要將藍瑪瑙握在手中、做幾個深呼吸，就可以使亢奮的神經逐漸平靜下來，進而能夠集中精神。

情緒不穩定的人，可藉由藍瑪瑙調整平衡的力量，使心神保持穩定。尤其是神經敏感的人，往往為了一點小事就導致平衡崩潰。這時請務必佩戴瑪瑙，相信那明亮的青色，一定能使你的心情變得開朗。

綠石◉綠石的力量

翡翠——增進友情與愛情的石頭

翡翠是世界共通的力量石。在中南美的馬雅、印加遺跡當中，均發現很多翡翠。根據考證，古代的神官和王族都有隨身佩戴的習慣。翡翠在中國又稱為玉，非常受人尊崇。而在日本，宮廷及也很喜歡使用。

翡翠具有提升友情和愛情的力量。送給朋友，可加深兩人之間的繫絆；送給心愛之人，則能增進雙方的情感。除了送人以外，自己用也很好。在歐洲，雕刻成蝶形的翡翠，被視為戀愛的守護石。中國人則喜歡把翡翠雕刻成據說會召喚幸福的蝙蝠形狀，隨身佩戴。

翡翠的另一功用是提高人性，使人懂得愛人、體貼人，並且促進純真、謙虛、公平、誠實等美德。

在感情方面，翡翡翠能去除負面志向、否定思想、憎恨、嫌惡、悲傷等想法，使人變得開朗、積極。

翡翠包括硬玉和軟玉兩種。具有寶石價值的，是色澤清澄的硬玉。至於力量，硬玉和軟玉可謂不分軒輊。反倒是軟玉，具有較悠久的歷史。

孔雀石——報復邪眼的石頭

孔雀石以具有鮮明條紋為其特徵。在彩石當中。是近來頗受歡迎的一種，據說具有強大的力量。

自古以來，孔雀石就視為報復邪眼的石頭而受人重視。所謂邪眼，指的是魔或他人的惡意，人們相信它會奪走幸福、帶來不幸。而孔雀石最主要的作用，就是保護持有者避開種種不良的能量。

對在人際關係上抱持謹慎態度的人而言，孔雀石是不可或缺的石頭。因為別人一句話或注意就非常在意的人，孔雀石可發揮良好的效果。去除擔心和不安，使心情保持穩定。

不易入睡或睡眠較淺的人，也可以使用。孔雀石具有穩定的波動，將它放在枕邊，可以使你安然入睡。而正如各位所熟知的，熟睡有助於消除壓力。

將孔雀石擱在枕上，可發揮開發潛能的作用。長期接受來自孔雀石的正面能量。自然能使你積極、具有建設性的特質覺醒。

金星石——使情緒穩定的石頭

金星石的正確名稱為綠金星石英。在半透明的淡綠色中摻雜著深綠色，日本稱之為印度翡翠，在礦物學上是屬於水晶的同類。

金星石能使情緒、感情保持穩定，對急躁、容易不安的人最為適合。藉著它所蘊含的強大力量，可使生活變得活潑。

當感覺精神疲勞時，立刻躺下把金星石置於胸膛，腦海中想著石頭將疲勞帶走的景象。不久之後，你會發覺心靈果真獲得解放。

金星石能帶給你積極迎向人生的力量。原本就抱持積極態度的人，則在勝負方面能帶來好運。如果是用在賭博方面，金星石將能使你賭運亨通。

金綠寶石──使人自覺到隱藏在內心深處的「偏頗」的石頭

經常被當作翡翠的代替品，別名澳洲翡翠的金綠寶石，是擁有明亮綠色的玉髓。金綠寶石能使你自覺到隱藏在潛在意識下的問題。

例如，有些人明明想要表現得率直、純真些，卻總忍不住表現出倔強的一面。究其原因，多半是由於孩提時代不受寵所致。一旦知道原因，自然就能改正性格上的偏頗。而金綠寶石所發揮的，正是幫助你自覺的作用。

金綠寶石具有希望的波動，能夠激發隱藏在內的才能，重新恢復悠閒的性格。

雞血石——給予不向逆境屈服的精神力的石頭

在深綠色中好像有紅色水滴飛散似地，又稱為血玉髓。

雞血石最大的力量，就是能增強精神力，使你擁有不屈服於逆境的活力。雞血石能培養行動力、激發面對現實的勇氣，最適合缺乏自信及個性畏縮的人隨身佩戴。此外，還能豐富對他人的體貼之心。有以自我為中心的傾向者，一旦接受到雞血石所給予的能量，就會展現利他行動而擴展人際關係。

在肉體方面，雞血石具有促進血液循環、強化心臟的效果，擔心健康的人，只要佩戴用雞血石做成的項鍊或耳環，便可促使能量的流動活絡，重新恢復元氣。

橄欖石——幫助靈魂成長的石頭

近來頗受喜愛的橄欖石，自古以來就是受人重視的彩石。基督教將其視為十二聖石之一，裝飾在耶路撒冷的城壁上。

橄欖石是因顏色如橄欖般而得名。

橄欖石能夠促進靈魂和精神的成長。雖然每個人都會經歷許多事情，但如果不能查覺意義、不能從中學習，便不算真正成長。而橄欖石能加速領悟，使你從經驗當中學到教訓。藉此提早下一次機會的到來、加速你的成長，同時加深人生密度。

除了提升智慧和辨識能力以外，橄欖石還能消除壓力，使你從否定的思想中獲得解放。換言之，在精神性的提升上，橄欖石能發揮莫大的助益。

祖母綠——療傷及帶來繁榮的石頭

在綠石當中，色彩最鮮艷、美麗的就是祖母綠。從古到今都深受重視，著名的埃及艷后及尼洛國王都是它的愛好者，因此價格始終居高不下。

人類一向相信綠色具有治療創傷的波動，祖母綠則為其象徵。關於祖母綠具有治療眼睛疾病及消除疲勞等力量的說法，人們更是深信不疑。

事實上，除了眼睛以外，祖母綠對整個身體，特別是提升內臟、免疫系統、神經系統的能量，的確能發揮很好的效果。

祖母綠能夠帶來繁榮，使感情穩定、增強夫妻情愛，同時使生活和表現力變得豐富。

金綠石——使兩個願望同時實現的石頭

金綠石是具有兩種顏色的神秘彩石。在自然光中會散發如祖母綠般的綠，在人工光線中則散發出如紅寶石般的紅。

具有兩種波動的金綠石，能夠帶來幸運及生活樂趣。因此不論是在工作或生活方面，都能獲得滿足。當你同時想要兩種東西時，金綠石可以幫助你達成願望。

另外，金綠石也具有提高靈力的力量。有意朝這方面發展的人，相信一定能獲得很大的喜悅。

黃石◉黃石的力量

黃玉——去除邪氣、給予活力的石頭

黃玉是黃色、透明的彩石，在印度被視為火的象徵，在埃及被視為太陽的象徵。不論是火或太陽，都會給人散發光與熱的印象，因此人們大都相信黃玉具有這種力量。

黃玉在各個時代都受到各國人士的喜愛。除了一般人所知能去除邪氣、給與持有者活力以外，還能提高靈能力、加強直覺力及靈感，同時具有治療失眠症、使身體溫暖、

去除體內毒素等作用。

目前市面上所販賣的，幾乎都是黃水晶。黃水晶是黃色的水晶，在礦物學上和黃玉是全然不同的東西。但因顏色相同，故很難分辨。

由於兩者的力量有很多相似之處，因此很多人以黃水晶來代替黃玉。問題是，黃水晶有它獨特的個性，黃玉本身也具有卓越的力量，所以請各位重視黃玉的存在。

在黃玉當中，有一種是呈水色的藍黃玉，其力量包括促進新陳代謝、提高細胞的再生能力、使情緒冷靜、豐富創造力及自我表現力。

黃水晶——去除憂鬱的石頭

和黃玉具有同樣光輝、色澤的黃水晶，是水晶中帶有黃色的彩石

黃水晶自古以來就視為能去除憂鬱，使人從不安、擔心、抑鬱的情緒中解放出來，並且緩和壓力和緊張，保持精神上的和平。更重要是，它能帶給你活力。對容易放棄、陷入憂鬱、忽略自己的人而言，黃水晶是最適合的彩石，因為它能鎮住自我破壞的能量，使你重視自己。對自己缺乏自信的人，可藉此引發自尊心。

總之，黃水晶能使人活潑、快活，召喚希望及豐富。

黑石◉黑石的力量

赤鐵石—使身心能量活潑化的石頭

會散發出如金屬般銀黑色光輝的赤鐵石，自古即被視為力量石之一，在埃及等地廣為使用。

赤鐵石具有使身心能量活潑的力量，能給與勇氣、培養堅強的意志、增強對壓力的抵抗力，幫助你自覺到本身的力量。不幸捲入紛爭時，赤鐵石能夠成為你強而有力的同志。其強大的能量，能夠引導出勝利。

赤鐵石也有防止靜電的作用。碰到金屬或電器製品會有觸電感覺的人，請佩戴赤鐵石。此外，也可以將其擱在會發出電磁波的電視、烤箱上，藉以杜絕對人體有害的電磁波、淨化屋舍。

深受赤鐵石吸引的人，可藉此發揮更強大的力量。一看到赤鐵石就非常喜愛的人，請用它作為有力守護石吧！

縞瑪瑙——除魔石

綻放著漆黑、穩定的縞瑪瑙，乃是瑪瑙的同類。原本具有白、黑兩種條紋，但一般只使用黑色的部分。

縞瑪瑙自古以來就被當成除魔石使用。能保護持有者免於不良的能量。

此外還能引出潛能、發揮更高層次的波動。其中最強的力量，就是強化集中力。考生將其放在書桌上，可提高讀書效率。從事創造工作或經常使用神經的人，也適合佩戴。當注意力渙散或焦躁時，只要握住它反覆深呼吸即可。

茶色石◉茶色石的力量

虎眼石——提高洞察力的石頭

虎眼石是廣為人知的彩石，其特徵是具有如猫眼般會不時變換的光。這種光帶變動的現象，稱為變彩效果或猫眼效果。

據說，所有具有變彩效果的石頭，都有保護持有人避開邪眼的作用。此外，虎眼石也能保護持有者免於他人的嫉妒，對麻煩纏身的人而言是不可或缺的石頭。於虎眼石具有男性能量，因此生意人或事業剛起步的人，可以把它當作強而有力的同志。

虎眼石那有如眼睛般的光芒，有助於提高洞察力，能一眼看透事實以防止失敗或麻煩。對處於必須負責任職位的人來說，虎眼石不僅能增強辨事能力，同時也能提高周遭眾人對你的評價。

虎眼石的另一個作用，就是解除頑固。知道自己固執的人，不妨買顆虎眼石隨身携帶。如果遇到頑固得讓你受不了的人。那就送他一顆虎眼石吧！

茶水晶——消除否定情感的石頭

茶水晶又稱煙水晶。是淡茶色的水晶。

能消除憂鬱及否定的情感。當感覺不安或恐懼時，只要把它放在身邊，就可以使情緒穩定，心情放鬆。因為它能幫助你冷靜地處理問題，故最適合壓力積存或遭遇麻煩而心神焦躁的人使用。

具有放鬆神經的作用，能促進睡眠。只要將茶水晶置於枕下，即可安然入睡，並且有個好夢。雖然夢會表現出潛在意識當中的否定思想，但是茶水晶卻讓我們瞭解到更深一層的意義。同時改正這種否定的情感。

紫石◉紫石的力量

紫水晶——愛的守護石

紫色代表高貴，美麗的紫色水晶，是世界公認的力量石，自古以來就備受讚美。

紫水晶是愛的守護石。沒有男朋友的女性佩戴它，很快就會遇到理想對象。如果已經有了戀人，則能增進彼此的感情。在歐美各國，至今仍有很多人以它作為結婚賀禮。

紫水晶還能引出尚未開發的能力，激發連自己都不曾察覺到的才能，調整精神上的不平衡，進而獲得平靜與安眠。

無色的水晶較容易為人所接受。相形之下，能接受紫水晶的人並不多，值得注意的是，即使是石頭，也會考慮雙方的適性，不可能對任何人都無條件地給予情愛。所以，在挑選石頭時，應該將其緊緊握在手中。試試看兩者的波動是否相合，一旦完全吻合，就能發揮強大的力量。

杉紫石——有助於消除壓力的石頭

杉紫石的名稱，是根據發現者杉建一的姓來命名的。最早發現杉紫石的地方。是在日本的瀨戶內海，現在則以南非開採較多。

杉紫石具有淨化力量，在精神及肉體兩方面都能產生作用，可淨化積存的古老能量，提高靈的水準，並將身體提升至能夠與靈配合的程度。

另外，也具有強力消除壓力的力量。對於平常過著忙碌生活的人而言，能夠發揮很大的效力。

就讀於某女子大學的k小姐，為了兼顧課業與打工而面臨很大的壓力，最後甚至還出現容易焦躁及偏頭痛等症狀。有一天，她從朋友口中聽說了杉紫石的效用，於是立刻買來放在背包中隨身携帶。不久，她還養成了每當疲倦時，就取出石頭凝視那美麗的紫色的習慣。經過一段時間以後，焦躁的情緒逐漸撫平，偏頭痛也告消失，終於能好好用功，爭取更好的成績了。

杉紫石的能量，非常適合小孩。將其當作護身符使用。能夠獲得健康。

多色石◉多色石的力量

電氣石——從否定狀態中獲得解救的石頭

電氣石的名稱聽起來似乎有點怪異，不過卻是其來有自。電氣石一旦加熱或摩擦，就會帶電。待熱度冷卻以後，藉著電可以吸收灰塵等物質。

電氣石具有強大的守護力，能夠將你帶離不良狀態，使身心能量活性化，引導你走向具有建設性的方向。

同時還具有加深理解力、提高集中力的作用，能使感受性變得豐富、靈感泉湧。

電氣石具有各種顏色，關於其基本力量，已經為各位敍述過了。不過，隨著顏色不同，力量多少也會有所變化，有關各個顏色的力量，分別介紹如下：

○**紅色電氣石**＝透明、美麗的紅色，往往令人連想起紅寶石。

紅色與粉紅色電氣石，能夠喚醒隱藏在內心深處的愛。這裏所說的愛，可能是對異性、朋友、家人的愛，也可能是重視自己的一種表現。但不論是那一種，都能帶來莫大的喜悅。

○**黑色電氣石**＝不透明的黑色電氣石，經過琢磨後，會散發出宛如絲絨般的美麗光芒。

黑色電氣石能提升能力和能量、去除否定的想法、引導你走向積極的方向，使你對人生擁有嶄新的計劃及具體的想法，進而獲得實現未來夢想或計劃的力量。

○**綠色電氣石**＝綠色電氣石具有療傷的力量，能夠消除存在已久的芥蒂、孩提時代的心靈傷痕、爭吵時脫口而出卻一直留在記憶中的話語等不好的事物，同時使力量湧現，幫助你積極向前。

此外，也有綠色、透明與粉紅三種顏色混合的電氣石，因為它很容易令人連想起從西瓜皮到西瓜子的剖面圖，故又稱為西瓜，這種石頭的力量極強，同時兼具了紅色與綠色電氣石的能量。

碧玉——增強判斷力的石頭

瑪瑙中摻雜不純物質、變成不透明的，就是碧玉。雞血石也是碧玉的一種，另外還包括其它顏色，如紅色、黃色、茶色、綠色等。在此要特別強調的是，力量強弱會因顏色而有所不同。

碧玉自古以來就被當成護身符使用。例如，埃及人將紅色碧玉掛在木乃伊的脖子上作為護符。至於雕刻成甲蟲形狀的綠色碧玉，則公認具有驅魔的力量。

在日本也可以採集到碧玉，其中大部分做成月牙玉，是非常受人重視的力量石，將其刻成印鑑來使用時，據說可以帶來好運和財運。

碧玉所擁有的力量，還包括使感情和精神穩定、引導你做出正確的判斷。此外，還能淨化過去的能量使其更新，據而產生自信、勇於向新的事物挑戰。

關於各個顏色的碧玉所具有的力量，茲分別敍述如下：

○**紅色碧玉**＝鮮紅色的碧玉較為少見，一般多是帶有茶色的紅色。紅色碧玉能夠治療支氣管炎及喉嚨疾病，也能促進自我表現，湧現清楚表達自己意見的勇氣。

○**黃色碧玉**＝黃色碧玉可使氣力充實，即使是不想放手去做的事情，也會湧現下定決心加以挑戰的勇氣。為自己是否應該開創新事物感到迷惘的人，可以使用黃色碧玉。

○**茶色碧玉**＝在碧玉當中擁有最基本能量的一種，能夠強化意志，使你擁有客觀的看法。因為具有男性能量，是以能夠召喚工作運，最適合當成生意人的護符石。

○**綠色碧玉**＝具有治療身心疲勞的力量，適合在壓力積存、身體倦感時使用。只要將其握在手中、進行深呼吸，便可提高能量，此外，在思緒無法集中時使用，可以幫助你做出冷靜的判斷。

碧玉被製成裝飾用的擱置石販賣的情形極為普遍。擱置石所發出的能量，會充滿整個房間，對人造成影響。在這同時，你也從中取得了強大的力量。

第四章
由對顏色的喜好預知你的未來

由顏色的喜好瞭解一個人的性格

每個人都有自己喜歡和討厭的顏色。例如，有的人喜歡紅色、討厭綠色，有的人則喜歡藍色、討厭紅色，情況不一而足。或許平常並未意識到，但只要打開衣櫥看看，就會發現某個顏色的衣服特別多。

個性極端的人，甚至可能只穿特定顏色的衣服。過去，我就曾經遇見過一位只穿綠色衣服的男士。此君不但所有的衣服都是綠色，甚至連鞋子也特別訂購綠色的。當然，這種極端的情形畢竟只是少數，不過只要看看周圍，你會發現有些人特別喜歡茶色系或藍色系等特定色系的衣服。而在我們的生活當中，顏色具有非常重要的意義。

對顏色的喜歡，會因時期而產生變化。例如，十幾歲時可能喜歡黑色，到了二十幾歲時卻可能偏好白色。此外，相信很多人都有類似的經驗。那就是，對顏色的喜好會在短時間內改變。比方說去年喜歡黃色，今年卻迷上紅色，因而去年的衣服全部被打入冷宮。

日子不同也會造成改變。也不知道為什麼，很多人就是會出現今天不想穿紅色或今天只想穿白色等奇怪的念頭。

對顏色的喜歡，足以表現出一個人的性格。顏色本身也有性格，當兩者相合時，就會產生「喜歡」的感覺。反之，如果與當事人的性格不合，則會覺得「討厭」。

至於日子不同所造成的變化，基本上是一種情緒的反映。性格和喜好是固定的，但情緒和感情卻經常在改變。像有些人有時勇氣百倍，有時卻缺乏自信，就是最好的例子。有關心靈狀態，一般人往往會以偏好某種顏色的方式表現出來。

挑選彩石時，顏色的喜好會造成很大的影響。因為，每個人都會選擇自己所喜歡顏色的石頭。

顏色本身具有波動。像活潑的黃色波動、安靜的藍色波動、充滿能量的紅色波動等，均代表著不同的性格。這些波動，當然會對石頭力量的內容造成影響。因此，波動一致，是挑選彩石的首要重點。

彩石的力量，會因波動與持有者相合而增強。能擁有自己喜歡顏色的彩石，那是再好不過的了。此外，也可以依當時的心情，選擇適合的彩石分開使用。如果當時的心情並不是處於良好狀態下，使用相反顏色有時反而更具效果。

例如，情緒平穩時，會比較偏愛藍色。在這個時候，藍色石頭將更能增強穩定性。相反地，當心情憂鬱、內向時，也會覺得喜歡藍色。但為了改善否定情緒並給與元氣，此時最好選擇黃色或紅色的彩石。總之，一定要先瞭解自己的心情，才能展現積極的態度。

由喜好的顏色預知未來

等到長大成人以後，基本性格大致已經決定了。孩提時代所受的影響，足以決定一個人的性格。

小時候備受父母疼愛的人，對自己充滿信心。因為受到疼愛、受到重視的緣故，他們認為自己是具有價值的偉大存在。在這種心態下，便形成了積極、開朗、富於社交性的性格。

相反地，未能充分感受到親情的孩子，則比較缺乏自信，覺得自己根本不值得人愛。久而久之，便養成消極、內向的性格，與人交往時更是處處碰壁。

一個人的好惡，與性格有直接關連。對顏色的喜好，則純粹是心靈和感情的領受。因此，當別人問你為什麼喜歡茶色時，恐怕你自己也答不出所以然來。或許幾經思索以後，你能回答出原因。問題是，好惡並不要用頭腦思索，而是要用心靈來感受。

瞭解自己所喜歡或討厭的顏色，自然就能瞭解心靈的狀態，如此一來，才能真正瞭解自己的性格或心情。

心靈和情緒與靈魂相連。因此，好惡足以表現一個人的靈魂狀態。

自古以來，世人就深信人類除了肉體以外，還有靈魂存在。人會用頭腦思考，會基於與周遭的調和而決定怎麼做較好。但是在內心深處，卻發出不想這麼做、渴望擁有真正自我的訊息。這個訊息，即來自靈魂部分。由此看來，靈魂可以說就是心靈。

人際關係和諧與否，與心靈也有很深的關連。有些人初次見面，就與對方非常投緣，在看第一眼時就覺得「喜歡」對方，這就是靈魂互相適合的表現。除了人類以外，對物也是相同的情形。有時你會毫無理由地很想要某種東西。事實上，這是由於你的靈魂與這種東西相合所致。

從對事物的感受，就可以瞭解一個人的性格及靈魂狀態。這種情形，尤其容易表現在顏色的喜好上。那是因為顏色本身的性格非常清楚所致。

性格會左右一個人的生活方式。有句話說：「性格決定一個人的命運」。要跟什麼樣的人交往、與何種事物接觸，都是由性格來決定的。

而一個性格積極，想做的事就立刻動手去做的人，與一開始就宣布放棄、選擇比較好走的道路的人，未來的發展自然不可同日而語。

你喜歡什麼顏色的石頭呢？別忘了，瞭解自己的性格就能預知未來。

喜歡白石的人，有安定的未來在等待著他

白色一向被視為清新、聖潔的顏色。因為它象徵著純粹、無垢、清淨、潔白，所以是神聖儀式中不可或缺的顏色。結婚禮服之所以選用白色，原因即在於此。

白石包括月長石、白色貓眼石、珍珠等，透明的石頭則包括水晶、鑽石等在內。

喜歡白石的人，大多誠實、有潔癖。其中也不乏純真、率直的理想家，對自己有適度的自信，能夠腳踏實地的朝事物前進。在環境穩定的企業裡工作的ＯＬ及上班族，多半喜歡白色。這種人在十幾歲時或許還會作夢，但是長大成人以後立刻就會取得平衡，不單具有社會性，對家庭也非常執著，是屬於家庭型的人。至於白色彩石，則是取得這類和平的支柱。

不好的地方，是稍嫌消極了些。喜歡白色的人，行動力較低，缺乏主動開創或向新事物挑戰的原動力。不喜歡冒險犯難固然避免失敗或麻煩，但是一味地選擇簡單、安全的道路行走，卻會使未來的發展受到限制。

白色也被視為沒有個性的顏色，其愛好者大多缺乏自我主張，喜歡置身於衆人當中而不願強出頭。因為配合度高的緣故，表面上似乎完全融入，其實結果與他所想的完全是兩回事，而他自己卻還百思不解事情為什麼會變成這樣。

不喜歡冒險犯難卻在事後後悔的例子也很多。「當初為什麼不下定決心去做呢？」「如果當時坦白說出對她的思念就好了。」事後的追悔，根本無法改變事實。在此要提醒各位，消極的個性會使機會逃脫；迷惘、放棄的心態，會妨礙開創新局的機會。

喜歡白色的人，感覺比較纖細、討厭骯髒、害怕受傷及失敗，重視理想而不懂得妥協，經常封閉於自己的世界裡。

知道自己的缺點而想要展現行動力的人，不妨從小地方開始嚐試。例如，鼓起勇氣舉起手來，當著衆人面前陳述自己的意見。這時你會發現，當衆發言其實沒什麼好怕的。隨著自我肯定及自信的增強，逐漸就會養成積極、具有行動力的性格了。

希望擁有行動力時，不妨買顆紅色石頭。記得，不要選擇淡紅色的，而要選擇深色石頭如紅瑪瑙、石榴石等，因為後者能增強能量、湧現勇氣。

容易流於理想主義者，選擇茶色彩石較為有效。它能強化面對現實的力量，使理想與現實取得平衡。

基本上，喜歡白石的人，是穩紮穩打的努力家。只要不斷努力，就能掌握穩定的幸福。更難能可貴的是，即使長大成人以後，也能保有這種純粹性。原就能夠取得適度平衡的人，白色彩石將會增強其力量，成為最有力的守護石。

喜歡藍石的人，願望多半能夠達成

藍色自古以來即被視為「衆神的顏色」。頭上湛藍的天空，會令人連想到住在天上的衆神。藍色所代表的，是無限廣、無限高，是宇宙的顏色。各位只要抬頭仰望夜空，就會知道它絕對不是「黑色」，而是深藍色。

常見的藍石，包括天青石、土耳其石、隕磷石英等。至於透明的藍石，則以藍瑪瑙和海藍寶石較為著名。

藍色向來被視為知性與高貴的象徵，代表了深沈的思考、冷靜的判斷、理想、平靜及高貴的氣質。喜歡藍色的人，對事物的看法比較深入，理解力也比較強，因此在從事必須運用頭腦的理性工作時，能夠發揮較大的能力。

另一方面，喜歡藍色的人，會有過度壓抑自己的傾向。藍色也是代表服從的顏色，制服之所以多半使用藍色，原因即在於藍色一旦裹在身上，就會升高遵守規則的順應性。適度的順應性當然沒有問題，但如果這種表現過強，則會導致「過剩適應」。當適應性超出必要以上時，就會喪失自我。

知性或理性較強的人，通常無法很有技巧地表達自己的感情。如果你喜歡藍色，那麼請仔細想想，到目前為止有沒有做過什麼任性的事？不論是喜歡或不喜歡、想做或不想做的事等等，你自己的主張究竟是什麼呢？你是不是經常忽略自己的情緒和感覺，為了配合周圍的人事物而壓抑自己呢？如果你認為自己有這種傾向，就應該試著表現自己，否則在選擇職業及婚姻等人生大事上，可能也會因循苟且而犧牲了自己的幸福。

嚐試的方法非常簡單。首先是，在不會造成他人困擾的情況下，做一些任性的行為。例如，和朋友為了吃甜甜圈或冰淇淋而意見分歧時，坦白說出自己真正想吃的東西。習慣於壓抑自己的人，會尊重對方的想法。但是這時千萬不要這麼做，只要說出你自己的想法就可以了。即使結果不如所願，但畢竟你已經表達自己的意見了，不是嗎？漸漸累積訓練後，就能培養自我表現的能力，為未來奠定良好的基礎。練習時若能佩戴紅色或黃色石頭，更有助於你的自我表現。

喜歡藍石的人，只要能使內心保持平衡，自然就能開啟一切可能性。由於意志力原本就很強，具有使願望實現的力量，因此只要一下定決定，就能朝希望的道路或喜歡的職業前進。不論是想出國旅行或住大房子，多半都能心想事成。換言之，只要充分運用知性與冷靜的判斷，就能擁有隨心所欲的未來。

希望活用理智與智慧的人，請多多利用藍石。如果還有問題，則可以用其他顏色的石頭作為輔助。當然，也可以分開使用。一般而言，藍色能增強冷靜度，適合在考試或從事重要工作時使用。反之，希望變得積極或解放自己時，使用紅色或黃色石頭比較有效。總而言之，只要能巧妙運用彩石的力量，就能充分發揮各人的長處。

喜歡紅石的人，能夠掌握成功

紅色是太陽與火焰的顏色，是能量的象徵，能釋放出熱情、活力、勇氣、愛情等波動。此外，它也是繁榮、充實、豐富的象徵，是祝福的顏色。寺廟的牌坊和社殿，慶典中所使用的器物、米飯、布幕等均使用紅色，原因即在於此。在古羅馬、希臘、中國、印度，乃至世界各地，都將紅色視為慶祝、高貴的顏色。即使是在現代，這種想法依然沒有改變。

紅石包括紅寶石、石榴石、紅瑪瑙及纏絲瑪瑙等（粉紅色部分將另外為各位介紹）。喜歡紅色的人，會展現積極的行動力。因為熱情的緣故，很容易熱中於某項事物；

而豐富的感情，則使其戀愛機會增多。一旦發現喜歡的人，多半會主動去接近對方。即使遭到挫折，也會很快地重新站起來，不會因此而抑鬱寡歡。

個性鮮明，會清楚地表達自己的意見和主張，最討厭和別人一樣，但又富於社交性，喜歡熱熱鬧鬧地和別人在一起。

對事物具有建設性，喜歡嚐試新的事物，即使失敗，也能勇於面對，因此可說是喜歡冒險犯難型。

喜歡紅色的人，可以藉由紅色的力量掌握成功。這種類型的人一旦決定目標，就會全力以赴，再加上人脈豐沛，是以能夠很快地達成目標。

特別是在需要口才的行業裡，更能展現過人的能力。所謂需要口才的行業，包括注重與人溝通的服務業、商人、播音員或政治家等等。當然，必須帶領部屬的工作也是其中之一。無礙的辯才，將會使你成為一位好的領導者。

缺點則在於富於攻擊性。能量過剩、自我意識過強的結果，是容易與人發生衝突。因為經常脫口說出不該說的話，又不願意向人低頭，以致好運變成惡運，終年麻煩不斷。

雖然適應力很強，卻欠缺協調性且自我主張太強，因而和團體顯得格格不入。這種人不適合當公司職員，也不適合必須與其它人一起運動的工作。依我看，與其進入大組織，還不如在人數少，具個性化的地方工作。

值得注意的是，紅色還有另一個含意——「憤怒」。心中充滿不滿或敵意時，容易選擇紅色。而且，孩提時代所感受到的憤怒，可能會一直持續下去。如果這時又拿著紅色石頭，那無異是火上加油，將會更加增強憤怒的能量。因此，當察覺內心深處有憤怒的情緒時，最好選擇具有平撫情緒效果的綠色或藍色彩石，藉此緩和怒氣，使心情平靜下來。

因情愛不足所造成的不滿和恐懼的情緒，也與紅色有關。當從孩提時代就因得不到必要的關愛而致內心焦躁時，我建議各位使用粉紅色石頭，藉其溫柔的力量來撫慰心靈。

如果感到恐懼，則不妨佩戴白色石頭，藉其淨化力量去除恐懼。

此外，即使對紅石情有獨鍾，也要儘可能擁有白色或藍色等其它彩石。這樣在平衡崩潰、過於偏重某一方面時，將可適時發揮調節的作用。感覺自己氣勢太強時，也可以用藍色石頭來加以節制。

正朝目標前進的人，若能巧妙地利用充滿活動力的紅石，將可大幅提高能量及積極性，並引導你走向成功之路。

喜歡綠石的人，適合成為藝術家

綠是代表自然的顏色。綠，令人連想到生命的循環及植物從發芽、成長、結果到再生等大自然的恩惠。此外，綠也被用來代表和平、理想、親愛及平等，自古以來即受人重視。

綠，具有治療傷痕的力量。就好像生命的成長一樣，能夠使能量再度活潑起來。當壓力積存時，只要看看綠色大自然，就能使心靈平和、再次湧現力量了。

喜歡綠石的人，性格非常穩定、冷靜、不容易衝動。對於事物總是先再三思考，然後慎重地採取行動。生性愛好和平、公正，隨時不忘照顧周圍的人。

非常注重協調性，自我控制的能力很強，能巧妙地自我調適，不致因太過自我而破壞整體的和諧，因此是屬於值得依賴的溫和領導者型。

外在個性不強、不太顯眼，但是內在卻具有豐富的獨創性為其特徵之一。這一類型的人，靈感豐富、感受性敏銳，在藝術方面極有天分。

綠色愛好者的生活方式，通常可分兩種。其一是，巧妙地保持自我平衡，過著穩定的生活。以男性來說，可能是擔任公務員或上班族。至於女性，則能兼顧工作與婚姻，擁有和樂的家庭生活。

另外一種生活方式，就是運用其獨創性，從事具有獨創性的工作。或者運用豐富的感受性，從事創造性的行業。成為一個藝術家，或許最能發揮其才能。表面的自我控制雖強，但是這層外殼一旦打破，豐富的個性也就表露無遺了。

常見的綠石，包括翡翠、孔雀石、金星石及祖母綠等。綠色彩石具有帶來和平的力量，經常被堅實派人士當作守護石。對選擇獨創性生活方式的人而言，它是能夠增進靈感的力量石。

不過，喜歡綠色的人如果不小心的話，也可能變得過度自我壓抑。沒有自我主張、無法表達情感、一味地抹殺自己，成為一個不會感動、沒有感情的人。各位，你是不是覺得自已經常在忍耐呢？你是否經常覺得：「唉，不管怎麼樣都可以啦！」要知道，過度壓抑自己的結果，反而會使你掉入空虛的洞穴中。

看似慎重的態度，有時卻是空虛的表現。認為自己做了也沒有用或做不好而乾脆放棄的心態，會迫使你選擇容易走的道路發展。

就好像交通號誌用綠色代表安全一樣，綠色具有守護的波動。綠色彩石之所以被當

成驅魔石來使用，原因即在於此。但是，一旦綠色發揮負面作用，則是耽於安逸的表現，使人容易朝不需努力的輕鬆方向前進。

具有這種傾向的人，最好握有黃色彩石加以制衡。黃色彩石能帶來活潑性，使人從懶散的情緒中獲得解放，進而產生想要做些事情的想法。

心靈能量較低或抑鬱寡歡的人，大多會選擇綠色石頭。究其原因，主要是因深受綠石治療傷痕的力量所吸引。不過，在否定的情緒治好以後，為免沈溺在綠色的寧靜當中，應該改用紅色，從中取得漸次前進的活力。

慎重的態度固然能保你失去不多，但相對地能得到的也很少。稍微有點慾望，將會使你的人生豐富起來。

喜歡黃石的人，擁有快樂人生

黃色是象徵開朗的顏色，例如光和太陽。此外，也被視為高貴、神聖的象徵。這點由佛教至今仍使用黃色衣物及袈裟，即可獲得證明。

明朗的黃色，釋放出喜悅、希望、活潑、發展的波動，是積極、強而有力前進的力量。因此，像黃水晶、黃玉等黃石，能夠帶給我們元氣。

喜歡黃石的人，個性開朗、積極、對自己充滿自信，對事物抱持肯定、正面的想法，是屬於樂天派人物。

富於社交性，擅長與人交往。坦白的性格使其不會隱藏自己，對任何人都會打從心底與對方打成一片。因此，在團體中很容易就成為中心人物，受到眾人的歡迎。經常應邀在宴會或活動中擔任幹事一職者，即屬於此類。

充滿元氣及行動力，對於感興趣的事物會立刻去嚐試。不但自己勇於嚐試，也會幫助他人一起參與。因為有他人的協助，所以較容易獲得成功。

黃石愛好者的另一特徵，就是當一件事進展順利時，會立刻著手進行接下來的事情。有時甚至還會同時進行兩件事情。同時加入很多俱樂部或學習二種以上事物的人，就是屬於這一類型。儘管生活忙碌，卻絲毫不見疲態。

喜歡黃石的人，對自己喜歡的事總是充滿了幹勁，對興趣所在及遊樂更是熱中，享有多采多姿的豐富人生。尤其在享樂方面，堪稱為天才。隨時都可以在身邊發現到有趣的事情，將自己的生活點綴得活潑而又充滿樂趣。

但是，過度開朗有時會流於輕率，容易招來輕薄的批評。這種人行事不夠穩重、反覆無常、做事缺乏一貫性及計劃，只著眼於眼前的快樂而展現行動。

當反覆無常的表現嚴重時，很可能半途而廢或抱著因循苟且的態度，以致什麼事都做不好，徒然落得不負責任、不誠實的罵名。

上述缺點，一般人尚且不容易自覺到，而黃色型的人更是如此。所以，充滿元氣的你，不妨冷靜下來好好想一想：自己行事會不會太過輕率了呢？

如果答案是肯定的，那麼請擁有一顆藍石吧！藍石能鎮定過剩的力量，使你平靜下來，重新恢復思考能力。

喜歡黃石的人，感受力極高，經常以感覺來判斷善惡。但因無法耐心地冷靜思考，故容易招致失敗。

容易厭倦或情緒反覆無常的人，最好隨身攜帶藍石並養成思考的習慣。這麼做值得嗎？這兩件事做那一個比較好呢？在採取行動之前，不妨先考慮一番。在反覆思考的過程中，就能培養判斷力，減少失敗的次數。

黃色的負面意義，就是具有缺乏感。當愛情或精神的豐富度不夠時，往往會下意識地選擇黃色。

和交通號誌一樣，黃色有告知危險的作用。能夠表現出心靈的危機，也是黃色受人喜愛的理由。當你感覺焦躁時，請先正視自己的內心深處。當你感覺到危機或覺得有所欠缺時，建議你擁有白色石頭。白石能淨化否定的波動，使心靈保持平和。

喜歡粉紅色石的人，能夠建立幸福的家庭

柔和的粉紅色，是象徵愛情的顏色。像玫瑰石英、印加玫瑰鑽、粉紅色電氣石等，都是很受歡迎的彩石。

粉紅色具有女性溫柔的波動，能使心靈保持平和。一般說來，喜歡粉紅色石頭的人，多半也是情愛豐富的人。

粉紅色通常被歸類在紅色裡面，但是兩者在性格方面卻有所不同。基本上，紅色給人充滿活力、快樂的感覺，粉紅色則比較平穩，不具有如紅色般濃烈的壓迫感。

喜歡粉紅石的人，對自己極為肯定。但在另一方面，他們愛自己，卻不具有自信。對人、事、物缺乏積極性，是屬於被動型的人。

從正面意義來看，喜歡粉紅石的人大多溫和、寬容，就算對方極端任性，他們仍會重視對方的想法，因而給人一種如母親般溫柔的印象。

因為情愛豐富之故，他們會毫不吝嗇地把愛給予對方。只要對方肯接納，他們甚至願意奉獻自己。追求熱情及安詳的意願極強，因此大多能建立幸福的家庭。

說到缺點，那就是稍微膽小了些。由於感覺纖細、極端害怕受傷，因此，總是極力避免與他人發生爭執，萬一無法避免，則會主動抽身而退，結果反使自己居於不利的立場。

此外，為了對他人有所奉獻，甚至不惜犧牲自己。而且往往直到最後，才猛然發覺自己的幸福已經完全為他人所有。

上述負面表現，多半為渴望追求情愛的內心反映。也就是說，當事人原本擁有豐富的情愛，但卻因為渴望他人的情愛，於是毫不吝惜地將情愛給予他人。

當愛情不足，想要尋求出愛情時，為了得到對方的情愛，於是先獻出自己的情愛。可惜的是，大部分的人都沒有注意到這一點。但如果深入思索，也就不難理解了。人一旦得不到他人的情愛，就會覺得非常寂寞，因此，他們當然會不惜奉獻自己以得到自己所要的。

有此傾向的人，最好持有紅色石頭以增強愛的能量。尤其是，在利用印加玫瑰鑽治癒心靈的傷痕以後，使用紅石更具效果。

喜歡粉紅色的人，精神上大多無法自立。特別是在孩提時代，渴求情愛卻無法充分獲得的現象極為普遍。這種尋求情愛的心情，正是使其深受粉紅色吸引的主因。過度依賴他人而欠缺行動力，是這一型人的特徵。這時只要持有綠石，就能帶來成長的力量。

喜歡紫石的人，能享有豐富的生活

紫色是高貴的顏色。昔日在歐洲、日本等地，只有身分較高的人才夠資格使用紫色。而在日本，更依身分的高低，決定紫、藍、紅、黃、白、黑等各種顏色。紫色除了高貴以外，也意味著優雅及神秘。寶石中如紫水晶或杉紫石等，都會綻放出優雅的光輝。

喜歡紫石的人，也愛好優雅，致力於尋求高貴、祥和的氣氛。舉凡身邊的物品、食物、飲料等，都會選擇高級品。

以豐富程度而言，大多以自己所認為的豐富感到滿足。因此，有些人或許窮得三餐只能以泡麵裹腹，或者終其一生都只能粗茶淡飯，但是他們卻認為這種生活並沒有什麼不好。

只有具備高級志向的人，才能獲得真正的豐富。那是因為，為了得到更好的東西，他們只好不斷努力。例如，為了具備優雅，他們就必須磨練自己以提升自我。為了謀一份更好的工作，當然必須加倍努力才行。

喜歡紫色的人，能夠得到實際的豐富。再加上認真、冷靜，因此工作上獲得成功的機率也較高。

必須注意的是，過於認真會變得艱苦。一不小心的話，可能會變得像聖職人員一般的頑固。切記凡事都應該適可而止，否則就會變得有稜有角，結果不但衆人紛紛敬而遠之，自己更是身心俱疲。有這種傾向的人，最好擁有黃色石頭，並學習比較輕鬆的態度來面對事物，藉此取得平衡且使自己具備柔軟性。

另外，紫色也是代表孤獨的顏色。孩提時代感覺孤獨或有過寂寞經驗的人，容易為紫色所吸引。這種人容易封閉在自己的殼中，很難與人打成一片。因為和他人在一起會覺得疲累，絲毫不會感到快樂，所以寧可脫離人群享受獨處之樂。

如果這種性格對本人並不會造成痛苦，那麽也就不能算是一種缺點。不過，假若你有意改變現狀，則不妨試著擁有粉紅色石頭，藉此使情愛產生交流，擴展與他人之間的關係，同時打開封閉的雙眼，開始向外發展。

當選擇紫色能帶給你喜悅的感覺，那就表示它對你而言是強力的幸運石。反之，如果感覺到不安，最好技巧地運用其它彩石的力量以求取平衡。這麽做的另一個好處，就是擴展你對顏色的喜好，不再老是獨沽一味。

喜歡茶色石的人，能夠抓住金錢

茶色會令人連想起枯葉和秋天，容易讓人感覺寂寞。但事實上，它卻如同豐富的大地一般，是具有強大力量的色彩。

茶色石如虎眼石、茶水晶等，具有穩定的波動，深受男女兩性的喜愛。就好像花朵和枝葉繁茂的樹木，或者培育植物的土壤一樣，茶色蘊含著使生命成長的力量。不過，其巨大能量通常隱藏在內面，單從外表是看不到的。

茶色會釋放出穩定的波動，使看的人感到安心。平常或許沒有意識到，但是在我們身邊卻有很多茶色的東西。環視四周，你會發現在衣服、鞋子、背包、桌子、書架等物品當中，總有一些是茶色的。茶色愛好者的主張不強、容易與他人融合，因此不管是哪一種個性的人，都不會討厭茶色。

茶色與人類的性格類似。喜歡茶色石的人，大多小心謹慎，鮮少主動發言或展現行動，喜歡依循大衆的意見以避免破壞調和，優等生或知識分子多屬於此類。

但是在其內在，卻有強大的能量可供使用。其中又以對應現實的力量特別強，能夠準確地處理事物，不致因為遭遇一點小麻煩而驚慌失措。

表面上看不出來，但實際上對物品的占有慾極強。除此以外，想要的東西還非常多，而且都能夠到手。

基本上是屬於腳踏實地型，生活方式極為穩定。對現實會謹慎地加以評估，因此不但不會蒙受任何損失，甚至還能確實掌握好處。

喜歡茶色石的人，具有增加財富的力量。如果做生意或從事自營業的話，必然能夠獲得成功。OL、家庭主婦或上班族把錢投資在股票等方面，也會大有斬獲。總之，對這些人而言，茶色石是名副其實的幸運石。

不過，喜歡茶色的人，大多屬於過度小心謹慎型。這是自孩提時代就受到嚴格教養，習慣於自我壓抑所造成的結果。這種人可以用黃色石來解放自己，藉此培養開朗及積極性。

另一方面，茶色也具有默默反抗的波動。因之，當內心深處藏有不滿或反抗心理時，較容易選擇茶色。為了保持平衡，這時最好使用白石，將負面的能量轉換為正面能量。

改變所喜歡石頭顏色即可改變性格及未來

希望改變性格的人，不妨多多利用彩石的力量。因為，石頭的波動和能量，會使其他個性清醒過來，進而提升個人欠缺或需要的部分。

比方說，自覺行動力不足的人可選擇紅石、自覺不夠穩重的人可選擇綠石、自覺欠缺積極性的人可選擇黃石等，各種顏色的力量可以彌補個性上的不足。因此，就算你很討厭那個顏色，也必須擁有。

你所討厭的顏色，有時卻掌握了性格上的重要關鍵，或是表現出你所具有的問題點。由這個意義來看，選擇自己所討厭顏色的石頭，更能明白顯示出個人的性格。

例如，討厭黃色的人，大多比較內向，經常在自己與他人之間築起一道高牆，不輕易展現自己，且對事物抱持否定、晦暗的想法。正因為欠缺黃色的優點部分，所以不喜歡黃色。

這時只要試著擁有自己所討厭顏色的石頭，就能改變一切。經常看著它、帶著它到處走，慢慢地你就會喜歡它了。因為，在你內心深處與石頭優點具有相同性質的部分，已經開始增強。隨著性格改變，漸漸地就會與這個顏色相合了。

性格一旦改變，當然未來也會改變。或許，你會因此得到所希望的未來也說不定。

瞭解顏色的優點以後，可針對自己最需要的部分嚐試一番。也許需要花點時間，但是千萬不要焦躁，只要按照自己的步調持續前進即可。萬一有一天你真的不想再擁有這種石頭，則不妨暫時中斷，待心情平靜以後再開始使用。

嚐試這個方法的S，在三個月內就產生了變化。S從小就討厭黃色，甚至連看到向日葵都會覺得焦躁。不懂得與人相處，經常窩在家中的她，即使是對自己感興趣的事物，也不想親自嚐試。她的口頭禪是：「沒什麼大不了的」。

在朋友的建議下，S買了一顆黃水晶。討厭黃色的她，一開始並不喜歡這顆黃水晶。但是在每天凝視當中，漸漸地居然不再討厭了。看著那閃耀生輝的光彩，S由衷地感到喜悅。不久後，S說話的次數漸漸增加，也不再老是拒絕別人的邀約，開始樂於與人交往了。如此經過三個月，她不再像以前那麼討厭黃色，朋友也愈來愈多，甚至還去觀賞自己一向感興趣的戲劇表演，使原本沈悶的生活變得多彩多姿而又有趣。按照這個情勢發展下去，或許有一天她會愛上黃色也說不定呢！

同色石頭中要選擇哪一種來使用較好，應該根據力量的內容和感覺來決定。雖然力量不太相合，但只要你自己認為很好，那麼它就是適合你，能夠幫助你的石頭。

如果你不認為自己有什麼需要改變的，那就擁有你所喜歡顏色的石頭，讓它更加發揮你的優點吧！切記，彩石不僅會召喚偶然的幸運，同時還會不斷地延伸、擴展，使你擁有豐富的未來。

第五章　強化生物體能量的彩石

使生物體能量活潑化的查克拉

人類共有七個能量點。根據古印度流傳的說法，這七個能量點乃是瑜伽修行的重點所在，又稱為「查克拉」。

查克拉在梵語裏是輪的意思。因其成圓形、會不斷地旋轉，故而得名。

西洋醫學和科學至今仍不承認查克拉的存在。不過，最近在歐美卻廣為人知，致力於使查克拉活性化、藉以提高精神和肉體能量的人相當多。

查克拉能吸收宇宙能源。利用七個查克拉吸收宇宙能源後，即可流入身體和心靈。人體能量或力量的強弱，受查克拉所吸收能量的影響很大。當查克拉全力開展、活絡地活動時，所吸取的能量較多，相對地也會提高身心的能量。

查克拉的活動因人而異各有不同，甚至七個查克拉之間也有所差別。例如，有大大張開的查克拉；有並未張開的查克拉；有活潑運轉的查克拉；也有不活潑的查克拉。

利用瑜伽或瞑想進行修行時，能使查克拉活性化，漸漸地就能豐富靈感、開發潛能，連平常看不到的歐拉等光也能看到，亦即具備所謂的超能力。

但是，我們並不需要具備超能力。光是提高能量，就能促進靈感和直覺，從而掌握

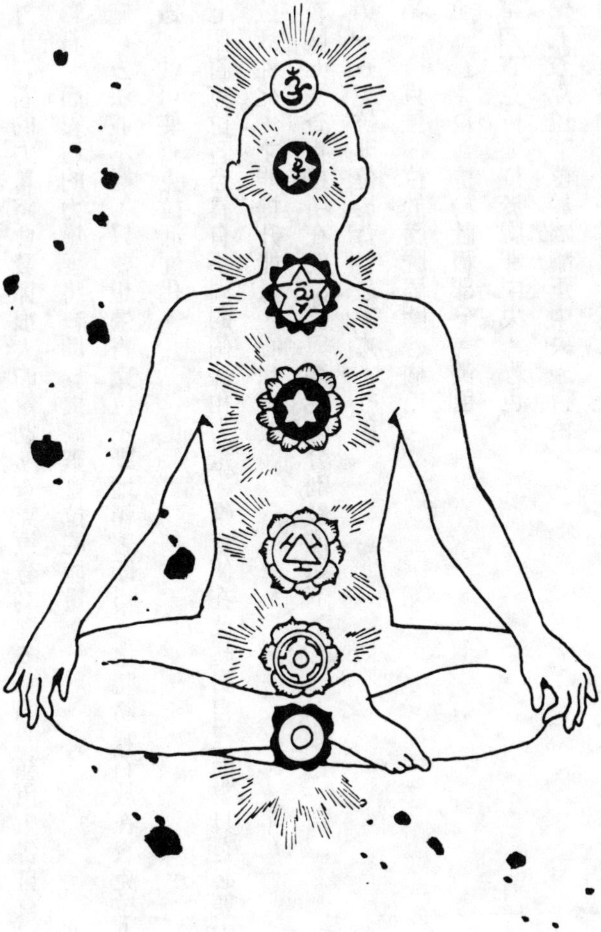

各種幸運和機會。

使查克拉活性化的方法，像瞑想或想像訓諫都可以（詳細內容將在稍後為各位介紹）。此外，彩石的力量將會發揮很大的幫助。查克拉分為許多不同的顏色，各自有與其對應的彩石。而彩石的力量，將有助於提高查克拉的能量。

施行方法並不難，只要想像查克拉不斷地轉著即可。這時將彩石放在查克拉上或帶在身邊，就可使查克拉活性化。

七個查克拉各自具有不同的個性和力量。唯有使在此時對自己而言具有必要力量的查克拉活性化，才能提升能量、心想事成。

有關七個查克拉所在的部位與顏色，分別敍述如下：

第一查克拉＝位於背骨最下方。紅色。
第二查克拉＝位於膀胱周圍。橘色。
第三查克拉＝位於肚臍部分。黃色。
第四查克拉＝位於胸部中央。綠色。
第五查克拉＝位於喉嚨正中央。青色。
第六查克拉＝位於眉間。藍色。

第七查克拉＝位於頭頂。紫色或白色。

七者所含的力量、意義或實際操作方法，將留待稍後再詳加介紹。

查克拉的能量一旦提升，彩石的力量也會相對地提高。因爲，彩石與查克拉是以同樣高度的波動相連。當查克拉活潑時，自然就能大量吸收彩石的力量。在相乘效果的作用下，查克拉和彩石的能量都會增強。

在美國，很多人都採取使用彩石使查克拉活性化的方法。至於目的，不外是為了消除壓力、控制情緒或消除疲勞以恢復元氣。由此可知，查克拉的能量提升，隱藏著各種可能性。

任何人都能進行的簡易瞑想法

一談到瞑想，總是會給人深奧印象，或者連想起傳教的修行。背脊挺直、雙眼緊閉、保持靜止不動的坐禪姿勢，經常可以在電視上看到。當然，這也是一種瞑想。

不過，我所要介紹給各位的瞑想方法，卻比這個更加簡單，只要保持放鬆、解放心靈，藉此提高自身的波動即可。每個人都具有較高的波動，只是受到思考、擔心、不安、不滿、憤怒、悲傷等因素影響而壓抑罷了。一旦從這些因素當中獲得解放，自然就能使波動提升，與較高的波動相連。這就是瞑想的基本。

瞑想時，也很容易與彩石波動相連，吸收更強的力量。特別是心中有所求時，只需把彩石置於胸上或身旁進行瞑想，就能產生效果。

另外，進行想像訓練也可以放置彩石。

瞑想的基本要件，就是保持安靜。一開始時，最好選擇一個沒有人的房間獨處，在不受任何人打擾的環境下進行瞑想。

使用彩石的瞑想，以躺著進行最好。無論是躺在床上或地板上均可，總之要選擇一個能夠伸展手脚的舒適環境躺下，然後將石頭置於身上。

如果是坐著進行瞑想，則以靠著牆壁較為輕鬆。首先伸直雙脚，將手臂放在最輕鬆的位置，然後將彩石置於眼前。

決定好姿勢以後，在房內播放柔和、慢節奏、沒有主唱者的音樂。根據調查，環境音樂是最適合的選擇。如果沒有這種音樂，則創造一個不要聲音的寧靜空間也無妨。

調整好環境後，便閉上眼睛慢慢地呼吸，並一邊從一數到八、一邊靜靜地由鼻子吸氣。接著再數到八，然後由口中吐氣。

為了確實發揮作用，請重複進行此一腹式呼吸法。

之後由腳尖開始放鬆力量，然後逐漸往上，由腹部、胸部、手臂、臉部到頭頂，使全身的力量放鬆，保持輕鬆的狀態。在這同時，仍需維持原先的呼吸法。

這時，腦海中可能會浮現各種想法，不必勉強打消，只要完全放鬆自己即可。

一開始時，不管是誰都會懷疑：這就是瞑想嗎？因為他們自覺到躺在那兒而已。等到重複幾次，能夠做得很好以後，就會開始想睡或真睡著了。當然，後者和瞑想狀態稍有不同。

基本上，當事人會有昏昏欲睡、意識模糊、時間在不知不覺間流逝掉的感覺出現。這是一種難以言喻的感覺，唯有親身經歷過的人才能了解。而其特徵，就是會覺得渾身舒暢。

光靠瞑想就能使查克拉活性化，提高能量。方法固然簡單，效果卻非常大，因此一定要多試幾次，千萬不可只試一次便宣告放棄。

實現願望的想像訓練

現在，一般人也開始進行想像訓練了。尤其對運動選手而言，更是必要的訓練項目。棒球選手想像打出全壘打的自己、跳高選手想像越過竿子的自己，藉著想像處於最佳狀態的自己而湧現自信，達到放鬆的目的，進而使能力發揮到百分之百。

近年來，醫學界也開始利用這種方法來治療患者。醫生讓患者想像健康的細胞趕走癌細胞或在腦海中刻劃自己恢復健康的姿態，聽起來似乎有點匪夷所思，但是效果良好卻是不爭的事實。

人的意識一旦增強，對身心都會發揮很大的作用。原本生氣蓬勃的人，在被醫生宣告罹患癌症後，突然倒下或死亡的例子屢見不鮮。究其原因，乃是他們想像自己已經不行了所致。換言之，當你抱持著不好的意念時，事情就會朝不好的方向發展。

相反地，若能抱持不服輸的意念，就能發揮超出想像的抵抗力。在這種情況下，奇蹟式地治癒絕症，或是活得比醫生所預料的更久的人比比皆是。意識和想像，具有足以影響生命的力量，因此光是想像自己戰勝病魔的情景，就能夠提高能量。

想像所發揮的作用，並不僅限於自身的能量，而是擴及於物體和現象。想像的波動，會召喚你所希望的人、事、物到來。例如，想像自己搬進一間明亮的房子裏，或者想像自己遇到優秀的人才，不久後你會發現，想像中的房子和想像中的人，居然真的出現在你的面前。

在美國，接受想像訓練的人，多半是為了實現自己的願望。如果效果不彰的話，應該不致造成流行，因此我認為它具有一定的價值。

想像訓練比瞑想更加簡單，只要具體想像所希望的事物即可。其對查克拉的活性化，也頗具效果。首先決定好想要活性化的查克拉，在此假設為第五查克拉，然後想像喉嚨有青色的圓形硬幣大大張開、不斷旋轉的景象。

比較敏感的人，很快就會覺得這個部位開始發熱了。這是由於查克拉的能量提高，真的在那兒旋轉所致。

相信想像一定會實現，是想像訓練的基本。一旦稍有懷疑或出現放棄心理，便無法產生能量，波動也會減弱，是以想要召喚的事物便不可能到來。因此，首先要相信自己的想像。

儘可能形成具體的想像也很重要。例如，你很希望自己暗戀的A能與你心意相通，可是你不能光想像兩人心意相通，而必須具體想像和A約會的場面，甚至連季節、場所、服裝、兩人的談話內容等，也要鮮明地想像出來。

假設你想從事某個行業，例如在設計公司工作，就必須想像整個公司——從天花板、牆壁到照明設備——的樣子以及自己的辦公桌、和同事相處的情形。當然，這其中還必須包括想像一個快樂地從事所喜歡工作的自己。

像這樣，要經常在腦海中想像包括細微處在內的具體情景。如果同時還握著能使願望達成的彩石，則效果更大。此外，也可以將彩石放在具有相關力量的彩石上。

彩石能夠吸收想像，與其茫然地述說心願，還不如使用想像的方法，更能增強彩石的力量。如果你企盼心想事成，那麼請務必進行想像訓練。

當彩石、查克拉和想像一起使用時，可使力量增強百倍。請巧妙地運用各種查克拉，讓你的希望實現吧！

利用第一查克拉解決麻煩

前面說過，第一查克拉為紅色。

對應石包括紅瑪瑙、纏絲瑪瑙、玫瑰石英、印加玫瑰鑽、石榴石、紅寶石等。但是，這些彩石多半被製成飾品、體積很小，故力量較弱。

第一查克拉具有保護持有者免於不良能量的力量。當遭遇麻煩時，首先要使查克拉活性化。尤其是在與他人發生爭執、爭吵時，更能發揮效果。

彩石很難放置在第一查克拉上，故擱在地板上即可。此外，也可以直接抵在尾骨下方。

具體地說，當遭遇問題時，要想像問題已經解決，一切都已歸於和平，爭吵雙方已重修舊好的場面。

如果不是直接面對的痲煩，也可以想像不好的波動遠離的情景。這麽一來，當查克拉運轉時，就能使不艮的能量消失，使好的能量聚集過來。

第一查克拉又稱基礎查克拉，是生命的基礎，此處的能量，當然也會對其它查克拉造成影響。因此，一旦第一查克拉活潑運轉，整體的能量也會隨之變得活潑。為了使能量維持在高水準，平常就要想像第一查克拉活性化的情景。

第一查克拉具有抑制憤怒的效果。餘怒未息或正在生氣的人。一定要趕緊使查克拉活性化，藉以消除憤怒的情緒。

利用第二查克拉提高創造力

第二查克拉為橘色。

對應石為淡色的紅瑪瑙、淡紅色的碧玉或較亮的虎眼石等。

第二查克拉可使性能量保持平衡。一旦不足或過剩時，只要使第二查克拉活性化即可獲得調和。另外，它也具有提升魅力的作用。

第二查克拉具有提高創造力的力量。像某位知名的女性插圖畫家，就習慣在工作前使第二查克拉活性化。平常，她會將近乎橘色的亮色碧玉放在第二查克拉上，然後想像查克拉旋轉的樣子。當接到大案子時，則想像工作順利完成的情景。

從事需要創造力的工作，如繪畫、音樂、寫作、表演、攝影、設計等，使第二查克拉活性化是不可或缺的條件。

因為，它能給予從事這些行業的人很大的力量。對於擅長手工藝或烹調的人而言，活性化的第二查克拉將會帶來許多新的構想。

在創造過程中遭遇阻礙時，可以利用第二查克拉進行想像訓練，藉著想像靈感湧現、完成以往從未完成的作品的場面或靈感泉湧的自己，就能使問題迎刃而解。

利用第三查克拉恢復元氣

第三查克拉為黃色。

對應石為黃水晶與碧玉。

第三查克拉能夠去除、淨化不純物及污濁，完全洗滌過去的悲傷或痛苦經歷，然後注入活力，使人湧現積極前進的勇氣。

當第三查克拉活性化後，體內會產生彷彿擁抱太陽般的感覺。明亮、光輝的黃色太陽，綻放出耀眼的光芒，使你心情變得開朗，並且積極地想要做一些事情。

如果你的心中還留有昔日的傷痕，不妨利用第三查克拉將其去除。

每個人在小時候多少都會受到傷害。例如，父母在盛怒之下脫口而出的責備話語，可能在你心中留下永遠無法磨滅的傷痕。

「我沒有你這種不聽話的孩子！走吧，我不想再看到你！」

這番話對孩子所造成的心靈傷害，是父母難以想像到的。以為爸媽真的不要自己了的孩子，會有被棄、不被人愛的感覺，嚴重時甚至會養成卑屈的性格。

在漫長的人生當中，難免會受到一些傷害。為免對性格造成不良影響，這些芥蒂一定要趕緊洗淨。

想像一切芥蒂均告消失，自己沐浴在陽光中的情景，這時一定會湧現元氣。

第三查克拉對善惡極為敏感，可以單憑感覺判別是非善惡，從而使你避開麻煩，增加幸運數。

利用第四查克拉掌握愛

第四查克拉為綠色。

對應石為孔雀石、金星石、翡翠、橄欖石及金綠寶石。

第四查克拉也稱仙靈查克拉，是愛的查克拉。最適合在需要愛情、希望愛情開花結果或加深愛情時使用。

有具體的愛的希望時，可將綠石置於第四查克拉上，然後想像自己所需要的愛的畫面。這時，或許你會覺得胸部周圍被溫暖的光所包圍著。

缺乏自信的人也可以使用。首先要給予自己情愛，不斷地告訴自己：「你是值得愛的。」漸漸地就會產生自信而變得積極，甚至還能去愛別人。

不愛自己的人，當然更不懂得愛人。原因之一，在於他根本沒有可以給予他人的愛。所以，首先要使自己的愛膨脹，然後才能開展豐富的愛情關係。關於這點，只要想像綠色查克拉大大展開的情景即可。

第四查克拉能淨化否定能量，消除疲勞、壓力及倦怠感，同時還能溶化否定的情感，使人從擔心、不安、後悔、憎恨等感情包袱中獲得解放。感情包袱一旦消失，心情自然就會豁然開朗，充滿穩定、平和的能量。

利用第五查克拉增加朋友

第五查克拉為青色。

對應石包括土耳其石、海藍寶石和藍瑪瑙。

第五查克拉能提高溝通能力，將想法巧妙地傳給對方知道及豐富人際關係，最適合用來增加朋友。

當你很想親近某人，卻又羞於主動向對方搭訕時，該怎麼辦才好呢？可以肯定的是，你愈是仔細思考，就愈提不起勇氣。

在這個時刻，你所應該做的是使第五查克拉活性化。首先將青石置於其上，想像兩人成為朋友的場面，不久一定會湧現上前和對方說話或積極地有所表現的勇氣。

即使沒有特定對象，也可以藉此提高溝通能力。如果平常就致力於使第五查克拉活性化。則不管機會何時到來，都能適時掌握。至於增加朋友、成為衆人矚目的焦點，自然更不在話下。

從事與人接觸機會較多的工作的人，效果更為顯著。不但業務交涉能順利進行，同時也能獲得極高的評價。

第五查克拉具有心想事成的力量，能夠使你的心願、希望、理想等實現。

擁有具體願望的人，一定要利用第五查克拉進行想像。方法是將青色彩石置於其上，然後想像成功的情景，這樣就能藉由彩石與查克拉的波動召來幸運。

利用第六查克拉磨練靈感

第六查克拉為藍色。

對應石為天青石、隕磷石英。

第六查克拉位於眉與眉之間，稱為「第三隻眼」的部位。第三隻眼能夠看到肉眼看不到的東西，自古以來即傳說只要使這個部位活性化，就能擁有超能力。

擁有超能力的說法或許誇張了點，不過倒是可以將其視為意識眼。自己的意識由這個部位流出。

他人的意識也由這個部位接收，藉此瞭解他人的想法，並且促進心靈交流。

第六查克拉活性化後，可使高水準的波動進入、直覺和靈感變得豐富。對喜歡創造、表現或從事這方面工作的人而言，這是重要的能量來源。

利用第七查克拉聚集幸運

第七查克拉為紫色或白色。

對應石包括紫色水晶、杉紫石及白色水晶。

第七查克拉是程度最高的查克拉，也是與神有關的查克拉，自古即備受重視。

一旦使第七查克拉活性化後，就能與高波動相連，大量吸收宇宙能源，從而召喚品質較高的人、事、物，使幸運聚集。

紫色和白色都是高貴的象徵。二者合在一起時，便成為光的象徵。

值得注意的是，水晶不僅用於第七查克拉，也可以使用於所有的查克拉上。它能提升各查克拉石頭的力量，是不可多得的珍貴彩石。

第六章

能提高運氣的神奇守護石

早在五千年前就已發現的星星與人類的關係

一般人所熟悉的西洋占星術，也非常尊重彩石。像結婚戒指所使用的誕生石，就是依星座不同而決定的。至於與誕生石不同的，則是每個星座的守護石。有關代表各個星座的彩石，將在稍後為各位詳加介紹。在此要特別強調的是，這些在在說明了宇宙與石頭的關係，而且是自古以來就知道的事實。

占星術的歷史，可以追溯到遙遠的古代。距今五千年前，著名的巴比倫帝國就已經開始使用占星術了。巴比倫帝國是創建於阿拉伯半島、位於今伊朗的古代王國，擁有優秀的曆法、天文學及科學等知識。占星術不光用於占卜，同時也當成文明的基礎加以活用。

在同一時期，埃及也盛行占星術，只是程度不如巴比倫那麼高。直到今日，我們仍可在魯克索爾神殿和但迪拉神殿中，看到星座圖及天宮圖。

占星術隨著文明逐漸擴展到其他地區。在希臘，更是吸引了無數民衆對它進行研究、探索。現代人所使用的占星術，就是歷經數千年傳承下來的。由此可知，人類自有歷史以來，就察覺到與宇宙之間的重要關係，而且極為重視。

不料，占星術和其它神秘學一樣，隨著近代科學的發展，被冠上「迷信」的標籤而遭到否定。始於十七世紀的近代科學，對其無法證明的事物，一概視為詐騙而予以否定。事實上，許多優秀的科學家對占星術都表示能夠理解，例如牛頓就是其中之一。另外，德國天文學家約翰尼斯・開普勒等人，就曾以占卜學為業，利用所得充當研究經費。據開普勒表示，他每年都會為自己占卜，而他在人生道路上之所以未曾失敗，完全是拜占星術之賜。看來，不顧世俗眼光大力支持占星術的，仍然大有人在。

在堪稱科學萬能主義的時代當中，由於擁有少數支持者，占星術才得以繼續發展下去。到了十九世紀末，隨著神秘學的復興，占星術終於得以重見天日。繼創立神智學協會的布拉巴茲基等人在世界各地推展運動之後，以往在科學的名義下受到封閉的神秘學，再度成為世人矚目的焦點。

儘管科學不斷地進步，但至少我們已經知道它有一定的界限，同時宇宙間也確實存在著一些肉眼看不到的力量。現在不論中外，都開始對占星術、靈世界、超物理現象及彩石力量等進行研究。

從兩次世界戰爭到現代，人們開始將注意力移向精神世界。例如始於一九六〇年代的新時代動向，就著重於探討人類和宇宙的關係。

足以左右命運的星星的影響

不知從什麼時候開始，我們似乎忘記了人類也是宇宙的一部分。在遙遠的古代，人類或許更能感受到與宇宙之間的密切連繫吧？在沒有霓虹燈閃爍、沒有煙霧繚繞、一片漆黑的夜空中，可以看到無數的星星正閃閃生輝。

太陽、月亮或星星的活動，具有舉足輕重的地位。對農耕、畜牧、遷徙而言，天體觀測是不可或缺的步驟，因為它是與自然共存的第一步。

如今，我們幾乎已經忘了宇宙也是自然的一部分。像寒暑、風雨等，地球上的自然現象非常敏感。環繞在身邊的自然會對我們造成多大的影響，想必各位早已心知肚明。問題是，我們所能掌握的，只有肉眼看得到或能夠具體感受到的範圍內的自然。很多人因為和宇宙距離太過遙遠的緣故，竟認為人類和它沒有任何關係。

仔細想想，太陽和月亮的活動，其實正左右著我們的生活。例如，太陽所形成的晝夜，是身體規律的基本。

平常或許沒有意識到，但是每到夜裡就想睡覺，這不是非常神奇嗎？此外，人類和月球之間的關係也很密切。像月圓、月缺的二十八天周期，就和女性的月經周期一致。

而根據最近的研究結果顯示，雖然不像女性那麼明顯，但是男性實際上也有以二十八天為一周期的生理規律。

月球與人類的關係，由將生產比喻為滿潮，將死亡比喻為退潮即可看出端倪。既然滿潮、退潮是受到月球引力的影響，生命的消長自然也與月球引力有關。

除了肉體方面以外，對精神方面的影響更是不容忽視。在歐洲，自古以來即認為人在月圓時會發狂。而根據最近幾年公布的調查結果顯示，每當月圓之夜，犯罪率的確有升高的傾向。

不只是地球而已，人類也受到其他星球的影響。知道和太陽、月亮的關係之後，再聽到人會受其它星球影響的說法時，也就不會那麼大驚小怪了。與其瞠目結舌，還不如坦然接受——這就是占星術的基本想法。

人類是自然，也就是宇宙的一部分。事實上，每一個人都是一個小宇宙。人類約由三千兆個細胞所構成，細胞則是由更小的粒子所組成。而在原子核周圍，有許多電子環繞著。這種情景，就如同行星環繞在太陽周圍一般。

宇宙互相關連，小宇宙與大宇宙相互影響的發想，是占星術的第一步。據我猜測，古人可能早就察覺到，在星星與人之間，存在著某種目前我們還不知道的神奇力量。

彩石與星座的關係

占星術以地球為中心，將天分為十二區。然後以春分為起點，從牡羊座開始，繞行十二星座稱為一周。十二，指的是宇宙旋轉一次的數字。就好像現代人將一年分成十二個月一樣，是基於天文學的曆法形成的。根據記載，巴比倫帝國在紀元前就已經創造出十二星座了。

在天體方面具有高度知識的巴比倫人，對彩石也知之甚詳。此外，他們也知道星座和彩石之間有密切的關連。他們認為，品質和硬度都高於其它物質的彩石，能收集宇宙能源，使其停留在彩石中，因此只要擁有與星座活動互相配合的彩石，就能獲得宇宙能源。

當時，在這塊文明發祥地上，選出了「十二彩石」位於阿拉伯半島根部的耶路撒冷，則將十二彩石裝飾在城壁門上。關於這段歷史，可參考舊約全書的「啟示錄」。

十二彩石是按照以下的順序，逐一嵌鑲在城門之上。

一、碧玉

二、藍寶石

三、瑪瑙
四、祖母綠
五、纏絲瑪瑙
六、紅瑪瑙
七、橄欖石
八、珍珠
九、黃玉
十、金綠寶石
十一、紅鋯石
十二、紫水晶

將十二彩石對照星座或月份，即形成所謂的誕生石或守護石。方法是將頭一個星座牡羊座與一的碧玉對照，並以十二為一巡。此外，十二也可以對照從一月到十二月為止的每個月份，這就是每個月的誕生石。

在此要說明的是，十二彩石是紀元前的說法，之後並未一直傳承下去。況且，當時尚未發現鑽石，因此鑽石應該是後來再附加上去的。另外，我們只知道紅鋯石指的是現在的鋯石，至於它究竟是何種石頭，則不得而知。另一方面，也有人說藍寶石指的是天青石、橄欖石指的是黃玉，總之各種說法都有。

雖然十二彩石的內容稍有變動，但我們卻從中瞭解到星星與彩石的關係。大概是古代人更能感受彩石的能量和波動吧！星座的性格和彩石性格居然完全一致。現代之所以重視誕生石，可能是因為有人感受到這種神奇的一致或力量的緣故。

事實上，目前一般人所知有關誕生石的說法，是在最近才固定下來的。至於主張使用月別守護石作為結婚戒指可帶來幸福的，則是誕生於十八世紀的猶太人。隨著這個風氣的日漸擴展，「誕生石」的理論終於固定下來。

不過，經過漫長的歲月之後，自古流傳下來各個月別的守護石，在各國和民族之間出現了不同版本。究其原因，主要是由於各國能採集到或容易到手的彩石不同所致。

一九一二年，美國寶石協會統一了誕生石的說法，成為現代世界通用的版本。雖說有些國家會視情況加入獨特的寶石，但基本上仍是採用美國寶石協會的統一說法。

即使是對占星術或彩石漠不關心的人，也對自己的誕生石瞭若指掌。過去，誕生石是女性特有的話題，但是最近男性對此的關心度也提高了。原本就對彩石感興趣的人，則開始將注意力集中在自古流傳下來的守護石上。數千年的悠久歷史，以及有別於已經商業化的誕生石的純粹性，或許正是守護石吸引人心的原因吧。

守護石的力量

誕生石源自守護石，兩者的意義相同，亦即所謂「召喚幸運的幸運石」。然而，誕生石卻因為寶石需要量增加等因素，價格一路飛漲。當然，誕生石並未因此喪失其為幸運石的意義。只是，守護石基本上仍應保有其純粹性。

使用彩石的基本要件，就是注意當時的波動。因此，只要覺得石頭的力量不弱，或者感覺到這就是你的守護石，就可以擁有，不必拘泥於非特定的守護石不可。

根本上，守護石必須能夠提高你的能量，同時收集適合你的宇宙能源，使波動成為良性波動。這樣才能召喚幸運，保護自身免於麻煩。

特別是當心中有所冀求時，選擇適合的石頭效果最好。如果能與守護石一致，則能使力量提升百倍。不過，即使不一致也無所謂，可以等到願望實現以後再去購買守護石。

在可能的情況下，最好擁有守護石。想要利用其它石頭達成願望時，可將守護石擱在房內。當然，隨身佩戴也可以。不過，既然是以「守護」為名，自然是放在身邊較好嘍！碰到重要場合或會見重要人物時，最好隨身攜帶。石頭能給與支撐的力量，使事情順利發展。如果事情發展順利，別忘了對石頭說聲「謝謝」，藉此增進彼此的溝通，同時加強石頭的力量。

熟睡時容易出現被人綁住手腳感覺的人，只要把守護石擱在枕邊，就能保護自身免於邪祟的騷擾。除此以外，不容易熟睡或經常作惡夢的人，也可以如法炮製。

守護石不僅限於一個，同時還可以擁有其它輔助石。你不必全部擁有，但必須選擇一個最適合自己的守護石。

星座相當微妙。因人而異，有些人受星座的影響很深。一般而言，每一個星座還可以劃分為三區：

第一區＝最初十天

第二區＝接下來十天

第三區＝最後十天

第一區均以十天為單位，不過第三區依星座不同，有時未必一定是十天。

由於區的劃分，所受來自星座的影響多少也會產生差距。下面就以牡羊座為例稍加說明。

第一區＝3／21～3／30。會百分之百受到牡羊座的影響，而不會受前面星座的影響。

第二區＝3／31～4／9。三〇%會受到接下來的金牛座的影響。

第三區＝4／10～4／20。五〇%會受到接下來的金牛座的影響。

屬於第一區者沒有什麼問題，但如果是屬於第二區、第三區的人，則必須留意接下來的星座。因此，在閱讀雜誌上的星座預測時，必須一併閱讀下一個星座的部分。

這些影響與誕生石或守護石也有關連。為此之故，屬於第二區、第三區的人，如果也喜歡下一個星座的石頭，不妨將其當作守護石。另外，受影響的百分比往往因人而異，有時屬性反而與下一個星座的石頭更合呢。

以下就為各位介紹各個星座別的誕生石與守護石。

守護石與誕生石

＜誕生石＞

・美國的誕生石

一月＝石榴石
二月＝紫水晶
三月＝雞血石
四月＝鑽石
五月＝祖母綠
六月＝珍珠、月長石
七月＝紅寶石
八月＝橄欖石、纏絲瑪瑙
九月＝藍寶石
十月＝貓眼石、電氣石
十一月＝黃玉
十二月＝土耳其石

・日本的誕生石

一月＝石榴石

二月＝紫水晶
三月＝珊瑚、海藍寶石
四月＝鑽石
五月＝翡翠、祖母綠
六月＝珍珠
七月＝紅寶石
八月＝橄欖石
九月＝藍寶石
十月＝貓眼石
十一月＝黃玉
十二月＝土耳其石

〈星座別的守護石〉

・牡羊座　3／21～4／20
守護石＝紅寶石

輔助石＝鑽石、藍寶石、雞血石

【牡羊座的神話】從前有一個名叫提沙利亞的小國，國王膝下有兩名子女，分別叫做普里克索斯和蓓蕾。一心想要除去兩兄妹的繼母，有一天終於設下陰謀，企圖將普里克索斯當作祭品。兩兄妹的生母知道了這個事情，於是向宙斯求救，宙斯即命其子海爾梅斯前去幫助二人。

結果，海爾梅斯化身為在空中飛翔的金色牡羊，順利救出了這對兄妹。

普里克索斯兄妹坐在金色牡羊（公羊）的背上，打算渡海。正當牡羊加速飛行時，蓓蕾卻一不小心掉落海裡。悲傷不已的普里克索斯和牡羊曾經四處搜尋，終因毫無所獲而宣告放棄，黯然地逃到其它國家去了。

牡羊座的代表圖案，就是一隻振翅飛翔卻又頻頻回首的金色牡羊。

【牡羊座的性格】牡羊座是積極行動的星座。經常保持前進、充滿希望，是屬於樂天派的性格。開拓意慾極強、容易熱中於新的事物，也勇於向新的嚐試挑戰。紅寶石非常適合牡羊座的性格，能使人生充滿活力。

缺點是不夠慎重，往往在尚未考慮或做好準備之前就採取行動。即使擺在面前的是即將斷裂的石橋，他們也會毫不猶豫地通過，因此很可能在中途掉落橋下。此外，當自己所挑戰的事物步上軌道後，就會將注意力轉移到其它方向。能量過剩、一刻也靜不下來，是牡羊座的特徵。這種傾向極強的人，最好擁有藍寶石作為輔助石，藉以鎮定混亂，使情緒平靜下來。

牡羊座的人極富正義感，但受到支配星火星的影響，鬥爭心理非常旺盛。在團體當中，多半居於領導地位。再加上同時也是領導者星座，是以居於指導立場的人，可選擇鑽石作為強而有力的同志。

必須注意的是，鬥爭心太強有時會引起不必要的摩擦。與他人相處一旦產生問題，做起事來自然倍感吃力。有此困擾的人，最好擁有雞血石，這樣在發生紛爭之前，就會先退一步為對方的立場著想。

做事不顧一切、缺乏忍耐力，是充滿智慧、心高氣傲的牡羊座必須注意的缺點。但只要能巧妙地利用彩石求取平衡，就能擁有活潑、豐富的人生了。

・金牛座　4／21～5／21

守護石＝祖母綠、藍寶石

輔助石＝瑪瑙、翡翠、土耳其石

【金牛座的神話】相傳在地中海附近有個叫腓尼基的小國，國王的女兒艾洛帕是遠近知名的美女。有一天，宙斯從空中看到了艾洛帕，於是化身為純白色的牛來到艾洛帕身邊。天真無邪的艾洛帕很高興地撫摸著牛，最後甚至騎到牛背上去了。說時遲那時快，由宙斯變成的白牛突然卯足全力衝了出去。

載著艾洛帕的白牛，越過了波濤洶湧的地中海，最後來到了一塊陸地上。在這裡，備受宙斯寵愛的艾洛帕為他生下三名子女，過著非常幸福的日子。後來，人們便根據艾洛帕的名字，將這個地方命名為歐洲。

金牛的代表圖案，就是宙斯化身的白牛。

【金牛座的性格】金牛座的性格穩重、溫和、討厭糾紛，非常注重與周遭衆人的協調。在各種彩石當中，藍寶石與金牛座的性質最為吻合。

具有忍耐力、生性柔順、對於事物會仔細思考的金牛座，是屬於慎重型。因為慎重，行動常常比別人慢上一步。但信念極強，一旦下定決定，意志就絕不動搖。因此，雖然會花一段時間，但願望終究能夠達成。在某些情況下，金牛座也會為了達到目的而不擇手段。通常，當心中存有願望時，選擇翡翠有助於提升力量。

不過，信念太過執著有時會流於頑固。外表看來非常柔順的金牛座，內在卻蘊藏著強烈的情感。再加上不擅於表達情感，容易出現掩飾心情的傾向，因而在自己與他人之間築起一道鴻溝，內心充滿了孤獨感。有這種傾向的人，可以藉著土耳其石保持與他人的和諧關係。

金牛座受到支配星金星的影響，美感豐富，從事藝術方面的工作最能發揮其才能。正從事這類工作或有意從事這方面工作的人，擁有祖母綠可使表現力更加豐富。

此外，與自然非常相合，適合從事園藝、農業、休閒等工作。這時，可以瑪瑙作為幸運石。

・雙子座　5／22～6／21

守護石＝瑪瑙、碧玉

輔助石＝電氣石、金綠石

【雙子座的神話】相傳斯巴達國的王妃蕾達，是一位絕世美女。深受吸引的宙斯，於是化身為白鳥來到她的身邊。後來，蕾達生下一對雙胞胎男孩，名叫波爾克斯與卡斯特爾。

波爾克斯精通劍術，卡斯特爾則是馬術高手，兩人經常一起行動，在戰場上以驍勇善戰馳名。不料有一天，卡斯特爾卻在一場爭鬥中意外喪生。原來這對雙胞胎中，波爾克斯身上流的是宙斯神的血，而卡斯特爾身上流的卻是凡人的血。

因卡斯特爾的死而悲慟欲絕的波爾克斯，請求宙斯讓他們兩人在一起。於是，宙斯使用神力讓這對兄弟一起昇天，其姿態即為雙子座。

【雙子座的性格】雙子座的性格非常活潑、好動，對任何事都抱持高度興趣，而且不會只滿足於一件事物，是屬於慾望極強的人。在這個時候，藉著光可使顏色變成紅、綠兩色的金綠石，有助於提高力量。

雙子座的人頭腦聰明、富於機會，絕對不會令人覺得無聊。缺點是凡事都只有三分鐘熱度，很也地又會將目標轉移到其它事物上。另外，由於對任何事都會毫不考慮地去接觸，容易給人不夠認真的印象。至於感到無所適從的情形，對於雙子座而言根本就是家常便飯。有上述缺點的人，可以利用碧玉來控制善變的情緒，引導出正確的判斷。

語言表現能力極強、情報收集力很高、活潑好動、非常受人歡迎，是雙子座的特徵。但是，不論是與人交往或收集情報，都是廣度有餘而深度不足。針對這個缺點，可利用電氣石來提高集中力。

基本上是屬於冷酷的性格，看似熱中其實卻十分清醒。具有冷靜的一面固然很好，但內心卻經常發生對立，以致變得優柔寡斷、焦躁不安。在這個時候，青色系的瑪瑙可以帶來平靜與安定。

・巨蟹座　6／22～7／22

守護石＝月長石、珍珠

輔助石＝瑪瑙、海藍寶石

【巨蟹座的神話】宙斯之子海拉克雷斯一生當中，共有十二個勇敢的冒險故事。而巨蟹座的神話就是其中的第二個。

宙斯的妻子海拉故意刁難海拉克雷斯，竟然派他去擊退怪物海蛇。就在海拉克雷斯受命出發的同時，海拉也派了一隻巨蟹前去幫助海蛇。不料巨蟹卻被海拉克雷斯擊退，昇上了天。這個巨蟹的姿態，便成為巨蟹星座。

【巨蟹座的性格】受到支配星月亮的影響，巨蟹座的人非常情緒化。再加上不擅於掩飾情緒，因此容易給人太過自我的印象。事實上，巨蟹座的人雖然情緒化，卻絕對不會陰險或包藏惡意，相反地非常純樸。此外，即使周圍的人對他不屑一顧，他也仍然若無其事。值得注意的是，這種傾向太強時，會給自己帶來麻煩。為了避免麻煩，可以佩戴月長石以獲得感情的起伏。

防衛本能極強，一心想要保護自己和家庭為巨蟹座的特徵。想法非常實際、踏實，絕對不會率性而為或輕易涉險，具有強烈的順應性和適應力，生活以安定為主。對於巨蟹座的人而言，珍珠能發揮相輔相成的效果。

問題在於容易為他人的意見所左右。因為注重現實的緣故，對於周圍的動態非常在意，經常放棄自己的意見而去迎合他人。這種做固然可以減少失敗，卻體會不到來自自身的成就感。希望加強自我意識的人，可利用海藍寶石提高自我主張和自我表現力、培養積極性。

再者，經常畏畏縮縮、不敢主動採取行動的人，因為感受性豐富，以他人的想法為優先考慮，所以會有自我壓抑的傾向。這種人最好擁有紅色系的瑪瑙，藉此產生元氣及行動力。

・獅子座　7／23～8／22

守護石＝鑽石

輔助石＝纏絲瑪瑙、紅寶石

【獅子座的神話】關於獅子座的神話，指的是海拉克雷斯十二個冒險故事中的第一個。

在一座叫做尼梅亞的森林中，有一隻擁有不死之身、會吃人的獅子，附近民衆都對其存在感到非常害怕。這一天，海拉克雷斯走進森林中，打算收拾這隻被稱為怪物的獅子。

經過一番激戰後，海拉克雷斯終於掐死了獅子，赢得最後的勝利。為了紀念這種勝利，海拉克雷斯將獅子皮剝下，終其一生都披在身上。

宙斯對兒子立下功勳感到十分欣慰，於是將被殺的獅子召到天上，成為閃耀光輝的獅子座。

【獅子座的性格】屬於王者之星獅子座的人，具有強烈的向上意志，熱愛權力及居於他人之上的崇高地位。富於正義感和勇氣，更具有使信念實現的獨創性。如能巧妙運用這種能力，多半能夠躍居領導地位或成為領導者。而鑽石正是能幫助這種人的石頭。

個性大而化之、不拘小節、喜歡照顧他人的獅子座，周圍經常十分熱鬧。再加上本身也喜歡熱鬧，因此很希望隨時都有一大堆人圍在身旁。

相反地，一旦感覺孤獨、寂寞時，會變得極端脆弱。換句話說，獅子座的人外表看似堅強，其實內在非常脆弱，一旦落單就會顯得抑鬱寡歡。在這個時候，紅寶石能夠給予鼓勵，喚起活力和元氣。原就具有迅速恢復能力的獅子座，當然很快就會變得生氣蓬勃了。

獅子座是充滿力量的類型，但必須注意的是，這有時也會成為一種缺點。充滿自信的表現，往往會被視為傲慢自大，以為你是那種以自我為中心的人。此外，當平衡崩潰時，原先的優點就會搖身一變成為任性、獨善其身等缺點。這種一來，眾人就會紛紛離去，使你因寂寞而受嚴重的心靈創傷。

因為喜歡戲劇化的緣故，人生容易變得波濤萬丈，必須注意。狀況好的時候倒還無所謂，萬一碰上情緒低潮，那就非常嚴重了。為了避免上述情形，當感覺到有不良影響出現時，可擁有纏絲瑪瑙以帶來謙虛與智慧的平衡。

・處女座　8／23～9／23

守護石＝纏絲瑪瑙、紅瑪瑙

輔助石＝藍寶石、碧玉

【處女座的神話】在昔日，相傳女神蓓爾西波妮是和人們一起住在地上的。因為當時人類的文化才剛開始，所以她要留下來守護衆人。而她所要守護的，是人類所擁有的美好心靈。但是在不久之後，隨著人們對食、衣、住等物質需求的日益膨脹，各種紛爭也不斷出現，逐漸地人們的心靈也受到汚染了。女神受不了人類社會的你爭我奪，於是失望地返回天界。

處女座的代表圖案，是有著一雙翅膀的女神。

【處女座的性格】處女座的人有潔癖、生性認真嚴肅，喜歡將身邊的事物整理得乾乾淨淨。討厭馬虎及不正當行為，黑白分明為其特徵。為了保持自身的清高，會極力遠離俗人、俗物。這個星座的另一特徵，就是青春期的潔癖會持續到長大成人以後。

處女座的人頗具智慧、精神志向極強，對精神的重視程度遠甚於物質，故多半為學者或讀書人。缺點是過度理性和冷靜、缺乏熱情，因此很難結交異性朋友。如果想要擁有豐富的愛情，不妨選擇能夠提高愛情熱度的纏絲瑪瑙。

另一個缺點是好惡太過極端。不論是對食物或對人的好惡都是如此，當遇到自己討厭的人時，就會大肆批評，完全不留餘地。為了改善這種情形，可以佩載能夠抑制憎惡的藍寶石。

在喜歡批評的同時，也具有纖細、容易受傷的特質。別人不經意的一句話，很可能成為他椎心刺骨的傷痛。再加上處女座的人傷口很難痊癒，因此傷痛可能會永遠持續下去。遇到這個時候，不妨使用具有治療心靈創傷效果的碧玉，幫助你重新站起來。

處女座的人精神面較弱，對現實缺乏積極性，而紅瑪瑙正好足以彌補這些缺點。

・天秤座　9／24～10／23

守護石＝橄欖石、電氣石

輔助石＝藍寶石、貓眼石

【天秤座的神話】在人類社會形成以前，正義女神亞斯特蕾亞是住在地上的。她的主要任務，是判斷仍然非常純樸的人類的善惡。亞斯特蕾亞就根據用秤所評估到的善惡，來決定人類的命運。

及至人類喪失純樸之心，開始墮落，各種紛爭、惡行迭起、殺人事件頻傳，亞斯特蕾亞手中的秤也不斷地傾向惡的一邊，再也無法回到善的一邊了。

絕望的亞斯特蕾亞於是回到天上，讓天秤在夜空中閃耀光輝。

【天秤座的性格】高貴、瀟灑、追求洗鍊之美的天秤座，熱愛秩序與和平，對人親切且富於社交性。能提高理性和體貼的橄欖石，可使天秤座充分發揮其優點。

天秤座的人冷靜沈著，感情和理智經常保持平衡，且心思細膩會注意他人的想法，是非常受人歡迎的類型。初次見面時，會給人「他是好人」的印象。

不過，天秤座所表現出來的優點，大多出自本人美的意識。也就是說，讓別人認為自己很好，贏得他人所給予的高度評價，是促使天秤座成為「好人」的原動力。至於其內在，則隱藏著精打細算，遇到萬一時只顧自己的冷酷性格。愛慕虛榮、虛張聲勢傾向較強的人，可以藉著貓眼石矯正想法，重新恢復正直的一面。

美的意識也表現在其他方面，否定社會上不當或醜陋行為的意志比任何人都強，是渴望公正的良識派。在這一點上，藍寶石可說是最適合的彩石。

在愛情方面，天秤座的人喜歡追求浪漫，有早婚的傾向。值得注意的是，一味地追求夢或理想難免流於偏頗。戀愛中的人原就適合擁有電氣石，如果正巧又屬於天秤座，則應該選擇黑色電氣石。那是因為，天秤座的人比較不能面對現實，而黑色電氣石正好可以彌補這個缺點。

・天蠍座　10／24～11／22

守護石＝貓眼石

輔助石＝紅寶石、雞血石、黃玉

【天蠍座的神話】相傳海神波塞冬的兒子奧利安，是一位勇敢的美男子，但因任性、粗暴而不受衆神喜愛。

衆神千方百計想要殺死奧利安，詎料奧利安實在太強了，以致一直無法如願以償。後來，有人放出一隻毒蠍子。蠍子刺中奧利安的腳，使得他就此一命嗚呼。不久蠍子升天成為星座，而奧利安也化為三顆星星，閃耀著美麗的光輝。

【天蠍座的性格】天蠍座的人看似拘謹，其實相當偏激。內在隱藏著強烈的自信和信念，不過卻不會在言語或態度上表現出來。有時會一口否定與自己意見不合的人，就是天蠍座內在剛強、頑固的的最佳證明。紅寶石的作用，在於將剛強的一面引往好的方向。

洞察力之敏銳無人能出其右，具有一眼就能看穿事物真相或他人人品的能力，多半屬於直覺、靈感極強的人。

天蠍座的缺點，就在於其向內性。什麼事都藏在心裡，更不會對人敞開心扉，因此根本沒有人知道他在想些什麼。因為壓力積存而感到痛苦，但卻不知如何是好的天蠍座很多。有此困擾的人，可以透過雞血石重新擁有活力和勇氣。

表面上或許看不出來，不過具有強大能量卻是天蠍座的特徵。其作用之一，就是疲勞會立刻消除。在某些情況下，平常不會表現出來的強大能量，會衝動式地爆發出來。由於其威力往往一發不可收拾，必須注意。貓眼石能帶來希望，使人從痛苦中獲得解放，最適合容易情緒化的天蠍座。

天蠍座的人不論善惡都偏向極端，往好的方向發展時，可以成為罕見的大好人。反之，如果走上歹路，則會成為大奸巨惡。所以，經常保持正確的想法是很重要的。對天蠍座而言，黃玉是最適合的彩石，它能去除憂鬱、使心情保持開朗。

・射手座　11／23～12／21

守護石＝黃玉

輔助石＝天青石、土耳其石、石榴石

【射手座的神話】在上半身為人，下半身為馬的肯塔洛斯一族中，有一位名叫凱隆的賢者。凱隆得到很多來自神的教誨，因而成為相當活躍的優秀學者，同時也是負責教導海拉克雷斯科學的老師。

有一天，海拉克雷斯和肯塔洛斯一族發生齟齬，而且一不小心用毒箭射中了凱隆。

宙斯對凱隆之死深感悲傷，於是做了一組呈拉弓姿態的星座。

【射手座的性格】射手座屬於大而化之的樂天派，喜歡開放、不拘泥於形式的生活方式，生性豪爽而受人喜愛。喜歡與人交談的個性若不稍加節制，就會變得太過嘮叨。在各類彩石當中，天青石與石榴石最能發揮射手座的優點。

好奇心旺盛，對任何事物都感興趣且容易熱中。此外，對精神層面的重視遠勝於物質。缺點是易熱易冷，感興趣的對象會不斷改變，換另一個方式來說，就是欠缺持續力、容易厭倦。個性焦躁、不夠穩重，為其另一個缺點。這種人如果擁有土耳其石的話，可使情緒保持平靜。

精神層面非常豐富，很多人都對哲學、宗教感興趣。具有優異的直覺力、創造力與獨創性，若從事需要靈感的工作，必能充分發揮所長。守護石黃玉能使心靈及創造力活性化，是射手座不可或缺的彩石。

射手座的問題，在於具有雙重性格。理性和本能會同時發揮作用，因此前一刻還在閱讀哲學或宗教書籍的人，下一秒鐘可能會耽溺於遊戲中。再加上有點神經質的緣故，會讓人覺得「不容易瞭解」。針對這個缺點，土耳其石能有效地發揮平衡作用。

・山羊座　12／22～1／20

守護石＝石榴石、土耳其石

輔助石＝月長石、珍珠

【山羊座的神話】牧羊神潘神，是吹奏牧笛的好手。有一天，衆神聚集在尼羅河畔，一邊飲酒一邊聆聽潘神表演他最拿手的牧笛。

就在衆人如痴如醉之際，怪物提旁突然衝了過來。驚慌失措的衆神，連忙變成魚或鳥獸四下逃竄，只有潘神不慌不忙地變成上半身為山羊，下半身為魚的姿態冉冉升空。這就是山羊座的由來。

【山羊座的性格】慎重、踏實、勤勉，是山羊座的基本性格。會不斷地忍耐與努力。花較長時間逐漸接近目標及嚴以律己的特質，與貝類在疼痛中製成珍珠有異曲同工之妙。或許就是因為這個緣故吧？珍珠具有使忍耐化為喜悅的力量。

山羊座屬於大器晚成型，希望獲得成功，卻不會冒進，會秉持耐性與努力一步一步向前推進。想法非常實際，生活方式固定，從另一個角度來看就是刻板、不懂得玩。如果想要變得活潑一點的話，不妨擁有石榴石。

山羊座的人會拼命掩飾自己，既不懂得與人相處，也不願意讓他人瞭解自己的本心，因此交友範圍相當有限，通常會封閉在自己的世界裡。不過，有時也會一反平常自我壓抑的表現，故意穿著奇裝異服或做出反常的舉動。這種人雖能忍受孤獨，卻也渴望愛情，故適合佩戴能增強與他人連繫的土耳其石。有了土耳其石後，即使不會感到寂寞，也能大幅擴展交友範圍。

因為缺乏社交性、喜歡隱藏自己，是以和異性相處的機會較少。就算相遇了，也不太可能有所進展。山羊座的人如果想要擁有愛情，就必須佩戴月長石。

・水瓶座　1／21～2／18

守護石＝紫水晶

輔助石＝翡翠、藍寶石

【水瓶座的神話】在古代的特洛伊國，有個王子名叫加尼梅迪，不僅頭腦聰明，而且長得比絕世美女還要動人，全身散發著金色的光采。

宙斯在負責幫自己倒酒的女兒結婚後，便四處尋找替代人選。有一天，他化為大鷲，將手上拿著水瓶的加尼梅迪，帶到奧林匹斯山去。在宙斯的恩准下，加尼梅迪得以永遠保有年輕和美麗。

【水瓶座的性格】水瓶座的性格自由奔放，不喜歡為傳統或固定形式所拘束，經常會出現一些嶄新的想法，更樂於嚐試新的生活方式。

非常獨立、講究民主、對人十分寬容、處世公正、不拘小節，最討厭牢不可破的上下觀念。在其觀念裡，人與人之間應該交往，而不應該有上下之分。因為這個緣故，在學校或工作場所裡，經常會被在上位者批評為「自大狂」。

水瓶座的人有自己的一套價值觀，即使被人批評為自大狂也毫不在意。當然，他們也具有貫徹自我價值觀的意志。當有人硬要用世俗的標準來加以規範時，他們就會起而反抗。在此必須特別強調的是，他們的不在意世俗眼光，並不是為了標新立異，純粹只是為了保有真實的自我。

大體而言，水瓶座的人如果能在具有獨創性、個性化的環境下工作，就能朝好的方向發展。反之，如果處於處處受限的環境中，那就非常辛苦了。個性過於偏激的水瓶座，容易受到來自周圍衆人的壓力，這時藍寶石能夠壓抑過度偏激的性向，巧妙地達到自我控制。

水瓶座對於愛情抱持自由的態度。因此，同時和幾個人談戀愛、未婚同居或閃電結婚的例子時有所聞。旁人看來或許會覺得他太過輕浮，但事實上他對感情比誰都認真。

只是，他一向只對自己正直而已。紫水晶和翡翠能將水瓶座的愛導向幸福的方向，再利用對感情的認真性找到真正的愛。

・雙魚座　2／19～3／20

守護石＝海藍寶石、雞血石

輔助石＝珍珠、月長石

【雙魚座的神話】掌管愛的女神艾芙洛迪提與其子艾洛斯，即為雙魚座的由來。當眾神在尼羅河畔召開酒宴時，艾芙洛迪提和艾洛斯也在席上。稍後怪物提旁突然出現，迫使眾神化身為各種動物四散奔逃。

在這當中，艾芙洛迪提和艾洛斯變成魚躍入尼羅河裡。為免在逃亡過程中分散，母子倆特地用絲帶將尾巴綁起來。雙魚座的代表圖案，就是尾巴被絲帶綁住的兩條魚。

【雙魚座的性格】一般人對雙魚座的評價是：「摸不透。」雙魚座具有互相矛盾的雙重性格，有時看起來清新聖潔，有時卻豪放不羈。

對藝術或神秘的事物特別感興趣，有時還會產生與現實脫節的夢想，經常陶醉在自己所創造的想像世界中。由於感受性敏銳，因此只要朝活用感受性的方向發展就對了。

在增進感性方面，月長石能發揮良好效果。

感情豐富、對人體貼、親切，看到別人遇到困難時，總是不吝於伸出援手。而為了他人的利益，有時甚至不惜犧牲自己。雞血石能夠提高這種優點，同時也能稍加控制以免表現過度。

對人一向很好，但如果處理不當，則反而會為對方所利用。雖然雙魚座的人對現實的慾望較為淡薄，並不在意被人利用，但所謂人善被人欺，太過溫和善良有時只會給自己帶來苦難。因此，對於生性溫柔的人，我建議他們佩戴珍珠，這麼一來為他人的犧牲就能獲得好的結果了。

感情豐富卻不善於表達的雙魚座，經常自我壓抑、沈溺於孤獨中。為了改善這種情形，請重視能在不幸中為人帶來希望的海藍寶石吧！

第七章

彩石的最佳選擇法

你所喜歡的石頭就是你的幸運石

大多數人與彩石的接觸，都是在無意中展開的。擁有彩石的人，多半並不知道彩石本身所蘊含的力量，有的甚至還不知道它們的名稱呢！以女性來說，通常是將用彩石做成的耳環、項鍊當成飾物佩戴在身上；至於男性，則可能若無其事地將彩石做成的領夾、袖扣別在衣服上。

但是，這些石頭卻會在不知不覺中為你帶來幸運。

仔細看看周遭的事物，你會發現自己早已擁有彩石。如果連家人也包括在內，那麼你會發現自己所擁有的彩石數量遠超乎想像。一般人經常擁有卻不自覺的彩石很多，例如水晶項鍊、金星石作成的佛珠、虎眼石作成的領帶夾、瑪瑙印鑑等等。

事實上，我們常常在無意中經由飾物使用彩石。而在各種彩石當中，我相信你一定能找到「自己喜歡」的彩石。

對擁有者而言，自己喜歡的石頭會成為強力的幸運石。或許偶然間發生在你身上的「好事」，就是由這些石頭的力量所造成的吧？在喜歡的前提下，石頭與擁有者的波動會互相吻合。這時，石頭就能產生很大的力量。

下面為各位舉一位女性美容師I小姐的例子。I小姐在對彩石力量一無所知的情況下，從朋友那兒得到一串土耳其石。也不知道為什麼，I小姐就是非常喜歡這條朋友出國觀光買回來的土耳其石項鍊，經常戴著它到店裡去。

根據I小姐的說法，從那之後就發生了一連串的好事。

「首先是客人紛紛指名要我為她們服務。其次，店長終於承認了我的價值，開始指派我擔任重要的工作。這項轉變使我產生幹勁，每天都過得非常愉快。直到最近從朋友口中得知寶石的神奇力量，我才恍然大悟。原來，我的一連串好運都是土耳其石帶來的。」

由I小姐的例子可以知道，只要擁有彩石，即使不知道它所蘊含的神奇力量，一樣能獲得幸運。尤其是自己喜歡的石頭，更能成為強而有力的同志。

如果你已經有自己喜歡的石頭，那麼請好好重視它。如果還沒有，那就去找一個吧！彩石不必一定要價格昂貴的，別人送的也可以，最重要的是你必須喜歡它。

如果要親自購買彩石，則首先必須確認石頭的波動。方法將其戴在身上或用手拿著，檢查一下彩石是否與你相合。

石頭與你的適性分辨法

波動可以藉由皮膚感受到。至於最容易感受到的部位，則是距皮膚一公分處。感受波動時，將手掌朝向石頭慢慢地往右轉，其與石頭間的距離可以逐漸拉近或逐漸遠離。在某個距離內，或許你會強烈感覺到一種神奇如觸電般的波動。能給你這種波動感覺的彩石，就是你的幸運石。

萬一限於時間無法這麼做時，可以將其直接戴在身上或握在手裡，一樣能感受到波動。這種痲痲的、熱熱的、輕飄飄的感覺，就是彩石的能量。當出現上述感覺時，就表示彩石與你相合。

不過，並不是所有的人、所有的石頭都會出現這種情形。另一方面，感受的程度，也會因人而有強弱之別。

例如，有的人對各種石頭的波動都能感受到，有的人卻對任何一種石頭都毫無感覺。像我就是屬於鈍感型的，很少感受到。

在沒有感覺時，則以喜不喜歡作為決定關鍵。有時，在衆多水晶當中，你會一眼就看中其中的某一個。能第一眼就深深吸引住你的那一個，就是最好的。為了加以確認，可以先將你看上的那一顆做上記號，然後再將其它水晶拿在手裡，最後你會發現，拿在手裡感覺最好的，還是先前看上的那顆。

值得注意的是，試得太多會使感覺變得遲鈍，結果反而無法確定那一顆給你的感覺最好。為避免造成迷惑，最好從眼裡看來最喜歡的幾顆當中選出一個來。

基本上，相信自己的感覺是最重要的。用來裝飾櫥窗的彩石，多半是人們一眼看到就會深受吸引的種類。但即使是同一種彩石，也往往只有其中一個會映入你的眼簾。在人類接觸彩石的歷史中，經常會有這種情形出現。

就算當時沒買，回家以後還是會念念不忘。結果可能是又跑回去看了好幾次，最後終於下定決心將其買下。我自己就有過這種經驗，總覺得好像石頭在叫喚我似地。通常，這就是適合你的石頭。

得到適合自己的石頭，能帶給你無比的快樂。在石頭的感召下，你會頻頻把它拿出來玩賞，或是面帶微笑地凝視著它，恨不得隨時把它帶在身邊或放在觸目可及的地方。

與石頭的交往，會長久持續下去，因此不必急於尋找。當你到店裡選購彩石，卻不知道選哪一個好時，不妨暫時不要買，多看幾次再做決定。只要經常接觸彩石，自然就能磨練出敏銳的感覺來。

石頭能提升水準

最初覺得非常適合、非常喜歡的彩石，經過一段時間以後，這種感覺也許會逐漸變淡，甚至變得不再喜歡它了。這個變化意味著，彩石與擁有者的波動開始出現差距了。彩石會提高擁有者的波動。不久後，擁有者的波動會超越彩石的波動，以致兩者不再相合。

這時不妨放棄這顆石頭。如果能把石頭送給看來與它相合的人，那是再好不過的了，相信一定能為對方帶來幸運。在你把幸運當成禮物送給別人的同時，自己也會獲得幸運。

一旦丟開一個石頭以後，必然會遇到另一個石頭。因為，水準提升後的波動，會吸引具有相同性的石頭前來與你相會。當波動的水準提高後，又會遇到其它石頭。總之，類似的情形會重複出現。

在提升水準的階段，有時石頭會突然不見了。石頭之所以會離開你，是因為它的波動與你不合所致。這時只要在心中默默向它告別即可，不必覺得懊惱或勉強去找尋。為了讓自己好過一點，就把它當作是水準提升的必然過程吧。

彩石的消失，必然有其意義存在。除了水準提升以外，也可能是它代替擁有者避開了一次災禍。

最近，有位女士告訴我她的藍寶石丟了。原來，有一天當她騎著腳踏車經過轉角時，不小撞了一輛汽車。雖然汽車及時剎住了，但是她卻連人帶車倒向路旁，所幸並未受傷。或許是驚嚇過度吧，直到再度騎上腳踏車、視線不經意地飄向握著把手的右手，這才發現鑲在戒指上的藍寶石不見了。

想到藍寶石體積不太，應該沒有人會注意到它並且把它撿走才對，於是她立刻回到現場仔細搜索，但是卻怎麼也找不到。

第二天，她和丈夫又去找了一遍，依然毫無所獲。

「或許是藍寶石幫妳擋掉了災禍吧？妳摔了一大跤卻毫髮無傷，這不是很不可思議嗎？」

後來她又買了一顆藍寶石鑲在戒指上。

像這樣的例子時有所聞。從另一個角度來看，彩石代替擁有者承擔了麻煩與災厄，未嘗不是一種水準的提升，因為，在避開麻煩的過程中，波動也會隨之提升。

事實上，丟失彩石不僅不該懊惱，相反的應該抱持感謝之心。因為對擁有者而言，這是一種正面的作用，幸運的現象，而這也正是彩石神奇的力量之一。

任何彩石都具有帶來幸運的力量

經常有人向我表示很想買顆彩石，但卻不知道該不該買加工製成的彩石飾品。其實，只要鑲有彩石，不論是耳環、項鍊或戒指，都能發揮強大的力量。

不可否認地，石頭愈大力量愈強。此外，原石的能量較高，經過加工以後力量多少會減弱一些。不過，只是經過琢磨或切割的彩石，力量並不會減弱。

值得注意的是人工著色的彩石。目前，市面上可以看到很多著色的透明水晶，以及以人工方式製成紅色、黃色、青色的祖母綠。商人將這些人工製品標式為「天然石」，並非存心欺騙消費者，因為它們的確是用天然水晶製成的。

一般來說，除非商家標明是否著色，否則根本無從分辨。經過著色處理的彩石，特徵是色彩非常鮮艷。因此，當彩石的價格低廉、顏色又非常美麗時，最好先向店員們確認是否經過染色。據我所知，只要顧客詢問，商家多半會據實以告。

人工染色的石頭，即使染成紅色，也不具有紅石的力量，仍以原先的水晶力量為主。甚至，水晶的力量還會因著色而告減弱。在這種情況之下，當然不宜以這種石頭當作力量石。

其它如天青石、土耳其石等，近來市面上出現很多加工品，其中很少有真正好的貨色。這類彩石多半是先磨成粉混合染料，再利用樹脂使其凝固，或者在琢磨之後吹入染料而形成的。一旦使用染料，多少會使力量減弱；如果磨成粉後再經過加工，力量就更弱了。因此，雖然色澤較差，但力量並未改變，故應儘可能選擇未經加工的天然彩石。再者，選購彩石以接近自然為首要條件，不必堅持非買價格昂貴的不可。

被製成飾品販賣的東西，基本上都會經過加工。以彩石為例，某些種類在經過三〇〇度~四〇〇度的高溫後，顏色會改變。像海藍寶石，加熱後會變成漂亮的水色，因此大多會經過加工。不過，其力量幾乎不會受到影響。

為了使顏色變成半永久性，大部分的石頭都會經過熱處理。儘管石頭的力量和波動受顏色影響很大，但只要擁有者喜歡，也就不必太斤斤計較了。

淨化彩石

買好彩石後，首先要進行簡單的淨化工作。那是因為，石頭從開採、運輸、加工到為我們所有，曾經經過許多人之手。此外，在店中展示期間，也曾被許多人觸摸過。在這樣的過程當中，難免會吸收到一些不好的波動。

淨化的目的，是去除不好的波動，使其與自己的波動配合。事實上，這也是提升力量的首要步驟。

淨化的方式很多。如果有時間，可以將彩石埋入天然鹽中，在月光下照射一晚。不過，這個方法比較適合水晶，而不適合使用於所有彩石。因彩石的種類不同，鹽漬可能會導致石頭變色。

我所要介紹給各位的彩石淨化法，不僅更為簡單，還能充分達到淨化的目的，那就是用水沖洗。將買回來的彩石用自來水沖洗約一分鐘，同時想像不好的波動被水沖走的情景即可。至於是將彩石拿在手上或置於盤中沖洗，則悉聽尊便。

沖洗完畢後擦乾水分，就算大功告成了。彩石本身原就具有淨化力量，因此大可不必太過神經質。

淨化工作不但要在剛買時進行，還要經常進行。那是因為，彩石為了保護擁有者，會不斷吸收外界不好的能量。

一旦不好的波動或能量積存在彩石當中，就會使力量減弱。

心中懷有願望也是同樣的情形。

當願望達成時，石頭會因使用力量而致能量減低。此外，疲憊也會使力量減弱。在這個時候，必須送入外界的能量才能使其力量再度提升。

方法就是照射陽光或月光，藉此吸收較強的能量，迅速恢復元氣。至於應該照射陽光或月光，必須根據石頭的顏色加以區別。例如，紫水晶直接照射陽光會使色澤變差，這時就適合照射月光。有關區別的方式，大致如下：

適合照射陽光的顏色，有紅、黃、綠及茶色。紅色和黃色是太陽的象徵，當然適合照射陽光。綠色就好像光合作用所產生的綠一樣，茶色則具有大地與樹木的波動，因此也適合照射陽光。

適合照射月光的，則有白、青、紫和黑色。白是月光的顏色，尤其是月長石，更能強力吸收月亮的能量。纖細的貓眼石，自然僅限於刺激較少的月光。月與水的適性頗佳，故與水色有關的青石也適合照射月光。紫色和黑色是夜晚的顏色，因而能夠吸收來自夜空的宇宙能源。

淨化工作不必太過頻繁，只要三個月進行一次即可。當然，突然想起來時就去進行也可以。一則為了表示感謝之意，一則為了使力量儘速恢復，在彩石為你擋掉麻煩、使你願望實現之後，最好立刻進行照射。

心意相通時力量也會隨之增加

與彩石相遇時，必須在一開始就加深彼此的溝通，這樣才能使雙方的波動更加契合、力量大幅提升。

最初的淨化工作結束後，仔細端詳手中的石頭，你會更加體會到彩石之美。觀看彩石時，最好將其置於陽光或燈光下。有傷痕的水晶和黃水晶，裡面可能摻雜有彩虹，在光的映照下會閃耀著七色光輝。

第一週時，可將彩石佩戴在身上或帶著走。為了使彩石與擁有者的能量相合，別忘了要經常拿在手上凝視一番。由於彩石的硬度極高，不容易受損，因此不論是放在背包、口袋或用手帕包著放在手提袋裡都可以。不過，珍珠因為比較柔軟、容易受傷的緣故，使用時要特別小心。

就寢時將其置於枕下也具有效果。事實上，波動在熟睡狀態下更容易相連，所以在最初幾天最好施行這個方法，使力量儘早覺醒。

在剛開始的時候，和彩石說話也很有效。方法是在心中將自己此刻的想法或願望告訴彩石。如果能一邊訴說一邊凝視著彩石，則效果更好。

溝通加深以後，剩下的就是取得力量了。帶著走或擱在房內一角都可以。關於擱置的場所，要儘可能選擇顯眼、乾淨的地方。將彩石放在一堆雜物當中，任其接受來自周圍的波動，結果只會使其變得疲勞。

如果同時擁有多顆彩石，為免石頭因個性衝突而變得疲勞，最好分開擱置。

接下來要注意的是灰塵的問題。灰塵積存會使彩石的力量減弱，因此必須勤於擦拭。如果平時就能注意這些小節的話，相信一定能大幅提升彩石的力量。

依願望不同分別使用左右手

利用彩石實現願望時，必須遵守一個重點，那就是左手、右手要分開使用。

左手自古以來即被視為承接能量，右手則是釋放能量。所以，想從外界得到什麼時，必須使用左手。比方說，當你想要擁有幸運，希望功課、考試、工作得心應手時，要用左手拿著彩石訴說自己的願望，使幸運的力量集中在左手的石頭上，然後再透過石頭流入體內。

反之，使用右手則能使力量和波動向外擴散。例如，希望戀情開花結果或與某人相處良好時，可將想法說給放在右手的石頭聽，再透過石頭向外傳送。希望改善人際關係或對某個特定對象有所希冀時，也要用右手拿著石頭進行想像。

任職於廣告代理店的Y先生，將碧玉視為自己的幸運石，多年來已經養成視工作內容分別使用兩手的習慣。

負責電視廣告製作的他，每當要和導演交涉演出內容時，都會先用右手拿著碧玉，心中默唸希望對方同意他所提出的構想等話語。反之，如果希望能包下整個節目的製作權，則用左手握住碧玉祈求心想事成。

這種分開使用雙手的做法，最能有效發揮彩石的力量。只要記住希望掌握好運時使用左手，希望掌握他人心情時使用右手，就可以運用自如了。想要在藝術或運動方面發揮自己最大的能力時，只要使用右手就能使本來的力量增強。

對於解決麻煩，右手的力量極具效果。當能量透過右手傳達給對方時，原本暴跳如雷的對方，可能會因此突然原諒你了。

有意避免他人的嫉妒或惡意時，也是採取同樣的方法。由右手釋出的強大力量，能夠避免不良的波動接近。

想要召喚幸運時，則利用左手使宇宙能源、較高水準的波動或好的力量聚集。視願望及當時的狀況而定，只要正確地分別使用雙手，就能輕易地引出力量，因此請各位多

加活用。

彩石的各種使用法

彩石有各種活用法。使用得當不僅能召來大幸運，同時也能在日常小事上發揮意想不到的力量。

就拿打電話來說吧！當你想要某個人打電話來時，就將彩石放在電話機旁，同時想像對方撥電話過來的情景。石頭的力量會傳達到對方身上，結果他就真的打電話過來了。甚至還有人剛把彩石放好，電話就響了。

當然，要一個從來不曾交談過的人打電話給你，近乎是不可能的。而一味地等待不能擴展力量，同時還必須具有主動打給對方的積極性才行。

為了使談話順利進行，可以將彩石擱在電話旁或拿在右手，然後祈禱接電話的就是你想要找的人。

沒有特定對象而又喜歡有電話的人，平常可以將彩石放在電話旁，相信一定能增加電話鈴響的次數，而且和對方聊得非常愉快。

對登門的推銷員、問卷調查員、募款員感到不勝其擾的人，只要將彩石置於玄關，就能減少不喜歡的人來訪的次數。至於你希望常來或早點回來的人，則能如你所願地出現在你家大門。

在實用方面，彩石水是廣為人知的一種。將彩石放入置於冰箱中的礦泉水或自來水中，即成為彩石水。用自來水做成的彩石水，能夠去除臭味及藥害。用礦泉水做成的彩石水，在彩石能量溶入水中提高水的波動後，喝起來更為美味。容易疲勞或精神虛弱的人，可以藉著飲用彩石水來提升能量及波動。

彩石放在空氣中時，能源會大幅向外擴散，因而力量會減弱。反之，放在水中時會將力量封閉於水中而致密度升高，因此能量和波動會增加。

彩石也可以用於沐浴。在溫水中放入彩石，然後一邊深呼吸一邊透過肌膚感受石頭的波動，不久就會覺得渾身舒暢，同時還能呼吸到強大的力量。如果一邊做彩石浴一邊進行想像訓練的話，相信一定能使願望早日實現。

沐浴時，可以同時放入幾顆彩石，藉此使水中的波動保持平衡。沐浴過後只要用水沖一沖，就達到淨化的目的了。至於用彩石水洗澡的作用，則是使人重新變得鮮活起來。

基於同樣的發想，也可以將彩石放入化妝品中。在化妝水、乳液中放入小的彩石，石頭的力量會擴散在化妝品中而使其品質提高。在美國，目前已經有這類化妝品公開銷售。該種化妝品是在乳液中加入許多小的水晶結晶，不過其重點在於彩石的力量，因此我們自己也可以動手製造。

彩石蘊含著各種力量，應該廣泛地加以利用。只要多花點功夫，一定能找到適合自己的方法。現在，就請各位抱持輕鬆的心情，儘量活用它們吧！

光是擁有就能帶來幸運的彩石

彩石的使用方法繁多，最常見的是和查克拉、瞑想、想像訓練等合併使用。其最主要的功效，在於提升力量、提升水準。

基本上，只要擁有彩石就夠了，不必一定要隨身攜帶。換句話說，即使只是放在家中，彩石一樣能發揮強大的力量。

人類呼吸、喝水、進食，全都是一種能量的吸收，亦即在下意識吸取宇宙能源。能夠充分吸收好能量的人，生命力強、富於行動力、不容易疲勞，而且有足夠的活力去做各種事情。

在精神方面也是如此。享有充分情愛的人，心靈富裕、開朗，具有勇氣、信賴及希望。那是因為，愛情本身就是一種高品質的能量，因此能夠產生各種好能量。對人類而言，彩石的力量是非常好的能量。有了它，好事會接踵而來。這些好事和幸運，光靠身體和精神的能量是絕對不可能發生的。

彩石是地球送給我們的最佳禮物。懂得使用這種力量的我們，實在是太幸運了。既然地球上最高品質的能量和力量已經成為我們的同志，那麼擁有堆積如山的幸運也就沒什麼好奇怪的了。

巧妙使用彩石，例如佩戴在身上或擱在查克拉上，能夠展現很大的效果。不過，哪怕只是光注意到彩石的力量，也足以改變你的一生，使你擁有幸福的未來。

大展出版社有限公司	圖書目錄
地址：台北市北投區11204 致遠一路二段12巷1號 郵撥： 0166955～1	電話：(02) 8236031 8236033 傳眞：(02) 8272069

•法律專欄連載•電腦編號 58

台大法學院 法律學系／策劃
法律服務社／編著

①別讓您的權利睡著了1	200元
②別讓您的權利睡著了2	200元

•秘傳占卜系列•電腦編號 14

①手相術	淺野八郎著	150元
②人相術	淺野八郎著	150元
③西洋占星術	淺野八郎著	150元
④中國神奇占卜	淺野八郎著	150元
⑤夢判斷	淺野八郎著	150元
⑥前世、來世占卜	淺野八郎著	150元
⑦法國式血型學	淺野八郎著	150元
⑧靈感、符咒學	淺野八郎著	150元
⑨紙牌占卜學	淺野八郎著	150元
⑩ＥＳＰ超能力占卜	淺野八郎著	150元
⑪猶太數的秘術	淺野八郎著	150元
⑫新心理測驗	淺野八郎著	160元

•趣味心理講座•電腦編號 15

①性格測驗１	探索男與女	淺野八郎著	140元
②性格測驗２	透視人心奧秘	淺野八郎著	140元
③性格測驗３	發現陌生的自己	淺野八郎著	140元
④性格測驗４	發現你的真面目	淺野八郎著	140元
⑤性格測驗５	讓你們吃驚	淺野八郎著	140元
⑥性格測驗６	洞穿心理盲點	淺野八郎著	140元
⑦性格測驗７	探索對方心理	淺野八郎著	140元
⑧性格測驗８	由吃認識自己	淺野八郎著	140元
⑨性格測驗９	戀愛知多少	淺野八郎著	140元

⑩性格測驗10　由裝扮瞭解人心　淺野八郎著　140元
⑪性格測驗11　敲開內心玄機　淺野八郎著　140元
⑫性格測驗12　透視你的未來　淺野八郎著　140元
⑬血型與你的一生　淺野八郎著　140元
⑭趣味推理遊戲　淺野八郎著　140元

・婦 幼 天 地・電腦編號 16

①八萬人減肥成果　黃靜香譯　150元
②三分鐘減肥體操　楊鴻儒譯　150元
③窈窕淑女美髮秘訣　柯素娥譯　130元
④使妳更迷人　成　玉譯　130元
⑤女性的更年期　官舒妍編譯　160元
⑥胎內育兒法　李玉瓊編譯　150元
⑦早產兒袋鼠式護理　唐岱蘭譯　200元
⑧初次懷孕與生產　婦幼天地編譯組　180元
⑨初次育兒12個月　婦幼天地編譯組　180元
⑩斷乳食與幼兒食　婦幼天地編譯組　180元
⑪培養幼兒能力與性向　婦幼天地編譯組　180元
⑫培養幼兒創造力的玩具與遊戲　婦幼天地編譯組　180元
⑬幼兒的症狀與疾病　婦幼天地編譯組　180元
⑭腿部苗條健美法　婦幼天地編譯組　150元
⑮女性腰痛別忽視　婦幼天地編譯組　150元
⑯舒展身心體操術　李玉瓊編譯　130元
⑰三分鐘臉部體操　趙薇妮著　160元
⑱生動的笑容表情術　趙薇妮著　160元
⑲心曠神怡減肥法　川津祐介著　130元
⑳內衣使妳更美麗　陳玄茹譯　130元
㉑瑜伽美姿美容　黃靜香編著　150元
㉒高雅女性裝扮學　陳珮玲譯　180元
㉓蠶糞肌膚美顏法　坂梨秀子著　160元
㉔認識妳的身體　李玉瓊譯　160元
㉕產後恢復苗條體態　居理安・芙萊喬著　200元
㉖正確護髮美容法　山崎伊久江著　180元

・青 春 天 地・電腦編號 17

①A血型與星座　柯素娥編譯　120元
②B血型與星座　柯素娥編譯　120元
③O血型與星座　柯素娥編譯　120元
④AB血型與星座　柯素娥編譯　120元

⑤青春期性教室	呂貴嵐編譯	130元
⑥事半功倍讀書法	王毅希編譯	150元
⑦難解數學破題	宋釗宜編譯	130元
⑧速算解題技巧	宋釗宜編譯	130元
⑨小論文寫作秘訣	林顯茂編譯	120元
⑪中學生野外遊戲	熊谷康編著	120元
⑫恐怖極短篇	柯素娥編譯	130元
⑬恐怖夜話	小毛驢編譯	130元
⑭恐怖幽默短篇	小毛驢編譯	120元
⑮黑色幽默短篇	小毛驢編譯	120元
⑯靈異怪談	小毛驢編譯	130元
⑰錯覺遊戲	小毛驢編譯	130元
⑱整人遊戲	小毛驢編譯	150元
⑲有趣的超常識	柯素娥編譯	130元
⑳哦！原來如此	林慶旺編譯	130元
㉑趣味競賽100種	劉名揚編譯	120元
㉒數學謎題入門	宋釗宜編譯	150元
㉓數學謎題解析	宋釗宜編譯	150元
㉔透視男女心理	林慶旺編譯	120元
㉕少女情懷的自白	李桂蘭編譯	120元
㉖由兄弟姊妹看命運	李玉瓊編譯	130元
㉗趣味的科學魔術	林慶旺編譯	150元
㉘趣味的心理實驗室	李燕玲編譯	150元
㉙愛與性心理測驗	小毛驢編譯	130元
㉚刑案推理解謎	小毛驢編譯	130元
㉛偵探常識推理	小毛驢編譯	130元
㉜偵探常識解謎	小毛驢編譯	130元
㉝偵探推理遊戲	小毛驢編譯	130元
㉞趣味的超魔術	廖玉山編著	150元
㉟趣味的珍奇發明	柯素娥編著	150元
㊱登山用具與技巧	陳瑞菊編著	150元

•健 康 天 地• 電腦編號 18

①壓力的預防與治療	柯素娥編譯	130元
②超科學氣的魔力	柯素娥編譯	130元
③尿療法治病的神奇	中尾良一著	130元
④鐵證如山的尿療法奇蹟	廖玉山譯	120元
⑤一日斷食健康法	葉慈容編譯	120元
⑥胃部強健法	陳炳崑譯	120元
⑦癌症早期檢查法	廖松濤譯	130元

⑧老人痴呆症防止法	柯素娥編譯	130元
⑨松葉汁健康飲料	陳麗芬編譯	130元
⑩揉肚臍健康法	永井秋夫著	150元
⑪過勞死、猝死的預防	卓秀貞編譯	130元
⑫高血壓治療與飲食	藤山順豐著	150元
⑬老人看護指南	柯素娥編譯	150元
⑭美容外科淺談	楊啟宏著	150元
⑮美容外科新境界	楊啟宏著	150元
⑯鹽是天然的醫生	西英司郎著	140元
⑰年輕十歲不是夢	梁瑞麟譯	200元
⑱茶料理治百病	桑野和民著	180元
⑲綠茶治病寶典	桑野和民著	150元
⑳杜仲茶養顏減肥法	西田博著	150元
㉑蜂膠驚人療效	瀨長良三郎著	150元
㉒蜂膠治百病	瀨長良三郎著	150元
㉓醫藥與生活	鄭炳全著	160元
㉔鈣長生寶典	落合敏著	180元
㉕大蒜長生寶典	木下繁太郎著	160元
㉖居家自我健康檢查	石川恭三著	160元
㉗永恒的健康人生	李秀鈴譯	200元
㉘大豆卵磷脂長生寶典	劉雪卿譯	150元
㉙芳香療法	梁艾琳譯	160元
㉚醋長生寶典	柯素娥譯	元

•實用女性學講座•電腦編號 19

①解讀女性內心世界	島田一男著	150元
②塑造成熟的女性	島田一男著	150元
③女性整體裝扮學	黃靜香編著	180元
④職業婦女禮儀	黃靜香編著	180元

•校 園 系 列•電腦編號 20

①讀書集中術	多湖輝著	150元
②應考的訣竅	多湖輝著	150元
③輕鬆讀書贏得聯考	多湖輝著	150元
④讀書記憶秘訣	多湖輝著	150元
⑤視力恢復！超速讀術	江錦雲譯	180元

・實用心理學講座・電腦編號 21

①拆穿欺騙伎倆	多湖輝著	140元
②創造好構想	多湖輝著	140元
③面對面心理術	多湖輝著	140元
④偽裝心理術	多湖輝著	140元
⑤透視人性弱點	多湖輝著	140元
⑥自我表現術	多湖輝著	150元
⑦不可思議的人性心理	多湖輝著	150元
⑧催眠術入門	多湖輝著	150元
⑨責罵部屬的藝術	多湖輝著	150元
⑩精神力	多湖輝著	150元
⑪厚黑說服術	多湖輝著	150元
⑫集中力	多湖輝著	150元
⑬構想力	多湖輝著	150元
⑭深層心理術	多湖輝著	160元
⑮深層語言術	多湖輝著	160元
⑯深層說服術	多湖輝著	180元
⑰潛在心理術	多湖輝著	160元

・超現實心理講座・電腦編號 22

①超意識覺醒法	詹蔚芬編譯	130元
②護摩秘法與人生	劉名揚編譯	130元
③秘法！超級仙術入門	陸　明譯	150元
④給地球人的訊息	柯素娥編著	150元
⑤密教的神通力	劉名揚編著	130元
⑥神秘奇妙的世界	平川陽一著	180元
⑦地球文明的超革命	吳秋嬌譯	200元
⑧力量石的秘密	吳秋嬌譯	180元

・養 生 保 健・電腦編號 23

①醫療養生氣功	黃孝寬著	250元
②中國氣功圖譜	余功保著	230元
③少林醫療氣功精粹	井玉蘭著	250元
④龍形實用氣功	吳大才等著	220元
⑤魚戲增視強身氣功	宮　嬰著	220元
⑥嚴新氣功	前新培金著	250元
⑦道家玄牝氣功	張　章著	180元

⑧仙家秘傳祛病功	李遠國著	160元
⑨少林十大健身功	秦慶豐著	180元
⑩中國自控氣功	張明武著	250元
⑪醫療防癌氣功	黃孝寬著	220元
⑫醫療強身氣功	黃孝寬著	220元
⑬醫療點穴氣功	黃孝寬著	220元

・社會人智囊・電腦編號 24

①糾紛談判術	淸水增三著	160元
②創造關鍵術	淺野八郞著	150元
③觀人術	淺野八郞著	180元
④應急詭辯術	廖英迪編著	160元
⑤天才家學習術	木原武一著	160元
⑥猫型狗式鑑人術	淺野八郞著	180元
⑦逆轉運掌握術	淺野八郞著	180元

・精 選 系 列・電腦編號 25

①毛澤東與鄧小平	渡邊利夫等著	280元
②中國大崩裂		180元

・心 靈 雅 集・電腦編號 00

①禪言佛語看人生	松濤弘道著	180元
②禪密教的奧秘	葉逯謙譯	120元
③觀音大法力	田口日勝著	120元
④觀音法力的大功德	田口日勝著	120元
⑤達摩禪106智慧	劉華亭編譯	150元
⑥有趣的佛教研究	葉逯謙編譯	120元
⑦夢的開運法	蕭京凌譯	130元
⑧禪學智慧	柯素娥編譯	130元
⑨女性佛教入門	許俐萍譯	110元
⑩佛像小百科	心靈雅集編譯組	130元
⑪佛教小百科趣談	心靈雅集編譯組	120元
⑫佛教小百科漫談	心靈雅集編譯組	150元
⑬佛教知識小百科	心靈雅集編譯組	150元
⑭佛學名言智慧	松濤弘道著	220元
⑮釋迦名言智慧	松濤弘道著	220元
⑯活人禪	平田精耕著	120元
⑰坐禪入門	柯素娥編譯	120元

國立中央圖書館出版品預行編目資料

力量石的秘密／秋月菜央著；吳秋嬌譯
——初版——臺北市；大展，民84
面；　公分——（超現實心靈講座；8）
譯自：ストーンパワーの秘密
ISBN 957-557-553-9（平裝）

1. 迷信

298　　84010732

力量石的秘密

ISBN 957-557-553-9

原著者／秋月菜央
編譯者／吳秋嬌
發行人／蔡森明
出版者／大展出版社有限公司
社址／台北市北投區（石牌）致遠一路二段12巷1號
電話／(02) 8236031・8236033
傳眞／(02) 8272069
郵政劃撥／0166955－1
登記證／局版臺業字第2171號

承印者／高星企業有限公司
裝訂／日新裝訂有限公司
排版者／千賓電腦打字有限公司
電話／（02）8836052
初版／1995年（民84年）11月
定價／180元

大展好書 好書大展

大展好書 好書大展